EVA-MARIA BAST | TOBIAS MEYER

Bremer
Geheimnisse

**50 SPANNENDE GESCHICHTEN
AUS DER HANSESTADT**

Bast, Eva-Maria; Meyer, Tobias
Bremer Geheimnisse – 50 spannende Geschichten
aus der Hansestadt

WESER-KURIER in Kooperation mit:
Bast Medien GmbH, St.-Ulrich-Str. 11, 88662 Überlingen
(verantwortlich)
3. Auflage 2020
ISBN: 978-3-946581-08-6

Copyright: Bast Medien
Lektorat: Simone Schelk
Covergestaltung: Jarina Binnig, Carina Linke, Cornelia Müller
Layout: Homebase – Kommunikation & Design, Jarina Binnig
Grafik: maps4news.com/©HERE (Karte)
Satz: Carina Linke
Druck: werk zwei Print+Medien Konstanz GmbH

Ein Titel aus der preisgekrönten Reihe „Geheimnisse der Heimat"

Inhalt

Vorwort	7
Die Autoren	9

01. Geheimnis
Falscher Name – *Die verwechselten Mönche* 10

02. Geheimnis
Erdhügel – *Aussichtsloser Weitblick* 13

03. Geheimnis
Rune – *Die Sache mit dem Glück* 16

04. Geheimnis
Kneipenspruch – *Amerikaner müssen draußen bleiben* 19

05. Geheimnis
Steine im Roland – *Düsteres Geheimnis im Bremer Wahrzeichen* 23

06. Geheimnis
Alter Deich – *Ein Stück Mittelalter auf dem Spielplatz* 26

07. Geheimnis
Domkanzel – *König David mit Glatze* 30

08. Geheimnis
Elefantentür – *Was vom Norddeutschen Lloyd blieb* 35

09. Geheimnis
Goldene Scheibe – *Mönche und eine schöne, heilige Frau* 39

10. Geheimnis
Kaiserkopf – *Bremer mit Köpfchen* 42

11. Geheimnis
Glockengang – *Wo die Klockmannen wohnten* 45

12. Geheimnis
Weißer Pfeil – *Tote, Kohlen und eine Tombola* 48

13. Geheimnis
Schlitze – Als die Fluten durch Bremen strömten   53

14. Geheimnis
Oktogon – Was vom Wasserturm geblieben ist   56

15. Geheimnis
Neanderhaus – Lobet den Herrn   59

16. Geheimnis
Straßeneck – Bier und Politik mit Friedrich Ebert   62

17. Geheimnis
Papstrelief – Geistlicher auf allen Vieren   65

18. Geheimnis
Eichen-Ensemble – Rechtsprechung Open-Air   68

19. Geheimnis
Theaterfassade – Brauerei, Bauwerke, Braut und Bräutigam   72

20. Geheimnis
Fährweg – Vom Weserkahn zum Kochgeschirr   75

21. Geheimnis
Brauerspruch – „…daß keiner in die Weser kacket!"   79

22. Geheimnis
Skulptur – Der umständliche Weg des Jakobus   82

23. Geheimnis
Till Eulenspiegel – Kraftvoll, bedächtig und vor allem: mit Witz   86

24. Geheimnis
Theatergarten – Eine Nackte, eine Kunst-Krypta und viel Theater   89

25. Geheimnis
Baumwollblüten – Erinnerung an eine große Spinnerei   93

26. Geheimnis
Reliefs – Mit spitzer Feder gegen Paragrafen   96

27. Geheimnis
Schweineherde – Nomen ist eben doch Omen 99

28. Geheimnis
Gürtelschnalle – Engel und Rosen geben Rätsel auf 102

29. Geheimnis
Das Rote Haus – Vom Linken-Treffpunkt zur Folterstätte 105

30. Geheimnis
Heckenrondell – Wo die Reichen und Schönen wohnten 109

31. Geheimnis
Davidstern – Ein stiller Sieg über die Nazis 112

32. Geheimnis
Umgestürztes Denkmal – Denkwürdiger Vandalismus 115

33. Geheimnis
Fehlender Ring – Als die Straßenbahn ins Rathaus raste 118

34. Geheimnis
Köpkenstraße – Mit Spitzhacke gegen die Autobahn 121

35. Geheimnis
Stele – Von Bischöfen und einstürzenden Türmen 124

36. Geheimnis
Firmenlogo – Wie der holländische Matjes nach Bremen kam 127

37. Geheimnis
Steinköpfe – Kaiserlicher Verweis auf eine Toilette 131

38. Geheimnis
Domtür – Der edle Spender im Hintergrund 134

39. Geheimnis
Domshof-Bank – Notausgang für eine Wein-Schatzkammer 137

40. Geheimnis
Steinkreuz – Zu Unrecht geköpft 142

41. Geheimnis
Tierköpfe – Der Ursprung von Werder Bremen im Kuhstall 145

42. Geheimnis
Taumelnder Mann – Wie der Sterbende Jüngling überlebte 148

43. Geheimnis
Chorgestühl – Ein Gehörnter und ein merkwürdiges Tier 152

44. Geheimnis
Ausgetauschtes Wort – Wenn das Wörtchen wenn nicht wär'… 155

45. Geheimnis
Mini-Roland – Eine Kopie aus Protest 160

46. Geheimnis
Klinker-Bunker – Der Ort, an dem Bremen den Krieg verlor 164

47. Geheimnis
Kirchenfenster – Ein Gotteshaus – in Farblicht getaucht 167

48. Geheimnis
Löwenköpfe – Als die Könige der Tiere in die Weser stürzten 170

49. Geheimnis
Goldenes Relief – Hitlergruß mitten in Bremen 175

50. Geheimnis
Datumsstein – Von wegen letzte Hinrichtung 178

Quellen, Literatur, Bildnachweis *182*

Stadtplan mit den Geheimnissen *186*

Vorwort

Das deutsche Wort „Geheimnis" hat Martin Luther erfunden, und damit ist es für Bremer Verhältnisse ziemlich jung, nämlich keine 500 Jahre alt. Das Heim, also das Zuhause, das Vertraute steckt in seiner Wortschöpfung, mit der er das lateinische „Mysterium" übersetzen wollte.

Die Bremer Geheimnisse in diesem Buch sind beides: weithin unbekannt und damit geheim, aber eben auch faszinierend und damit wirkliche Mysterien. Geschichte besteht aus Geschichten, und da Bremen ein besonders geschichtsträchtiger Ort ist, gibt es eben viele schöne Geschichten zu erzählen.

Die Krimiautorin Liliane Skalecki berichtet, wie unter Eichenbäumen Gericht gehalten wurde. Karl-Josef Krötz, der Bremer Ratskellermeister, zeigt, wo auf dem Domshof ein Schatz versteckt ist. Bürgermeister Carsten Sieling verrät, wo Friedrich Ebert einst Bier ausschenkte. Das sind nur drei von 50 Geheimnissen, die Sie in diesem Buch des WESER-KURIER erwarten.

Im vergangenen Jahr haben wir uns sechs Leitsätze gegeben, die Anspruch und Ziel unserer redaktionellen Arbeit beschreiben. „Wir sind Bremen und umzu", lautet der allererste, und wir erläutern ihn so: „Wir sind hier verwurzelt und halten die Balance zwischen Heimatverbundenheit und kritischer Distanz." Die Geheimnisse in diesem Buch sind Heimatgeschichten im besten Sinne, und deswegen passen sie so gut zu uns.

Doch der WESER-KURIER sieht sich nicht nur der Geschichte Bremens verpflichtet, sondern muss als Leitmedium der Region vor allem den Diskurs über Gegenwart und Zukunft gestalten. Unsere Arbeit fußt auf bewährten journalistischen Tugenden: Neugier, Offenheit, Hartnäckigkeit, Präzision, Haltung, Leidenschaft.

Begleiten Sie uns zu den Geheimnissen der Bremer Geschichte – und auf dem Weg in die Bremer Zukunft.

Viel Freude bei der Lektüre

Ihr

Moritz Döbler
Chefredakteur WESER-KURIER

Die Autoren

Eva-Maria Bast, Jahrgang 1978, arbeitet seit 1996 für verschiedene Zeitungen und Magazine. 2011 gründete sie mit Heike Thissen das Journalistenbüro „Büro Bast & Thissen", das 2013 erweitert wurde und sich nun „Bast Medien" nennt. Eva-Maria Bast initiierte und schreibt die Buchreihe „Geheimnisse der Heimat", die 2011 startete, rasch zu einem regionalen Bestseller wurde und die 2016 in über 30 Bänden vorliegt. 2012 wurde die Tageszeitung Südkurier für die Geheimnis-Reihe mit dem Deutschen Lokaljournalistenpreis der Konrad-Adenauer-Stiftung in der Kategorie „Geschichte" ausgezeichnet. 2012 begann Bast sich auch der Belletristik zu widmen. Mit „Vergissmichnicht" gab sie ihr Krimidebüt, „Tulpentanz" folgte ein Jahr später. Im Frühjahr 2014 erschien Teil 1 (Mondjahre), 2015 Teil 2 (Kornblumenjahre) und 2016 Teil 3 (Dornenjahre) ihrer zeitgeschichtlichen Jahrhundertsaga. Seit Juni 2015 ist sie Gastdozentin an der Hochschule der Medien Stuttgart. Eva-Maria Bast lebt mit ihrer Familie in Überlingen am Bodensee.

Tobias Meyer, Jahrgang 1991, ist ausgebildeter Redakteur und studierter Fachjournalist. Am liebsten schreibt er über seine Heimat Bremen – der Grund, warum er Lokaljournalist werden wollte. Ins Berufsleben startete er beim eMedienservice Nord und war dort unter anderem als Stadtteilredakteur tätig. 2015 gründete er das Textbüro „Feinschreiber"; recherchiert Reportagen und Dossiers für Zeitungen und Magazine, bloggt für Unternehmen und liefert Marketing-Inhalte für seine Auftraggeber im norddeutschen Raum. Als freiberuflicher Journalist schreibt er unter anderem für den WESER-KURIER und Die Wirtschaft sowie online für das Blogazine Lovebremen und die Jugendherbergen im Nordwesten. Tobias Meyer lebt in der Bremer Neustadt.

Falscher Name
Die verwechselten Mönche

Da kann doch was nicht stimmen, dachte sich Wilhelm Tacke, als er sich das Relief in den Arkaden des Deutschen Hauses am Marktplatz genauer ansah. Der Historiker glaubte nämlich zu wissen, dass das Relief aller Wahrscheinlichkeit nach im Zuge des Bildersturms in der Franziskanerkirche St. Johann entsorgt worden war. In jener Zeit also, in der Anhänger der reformatorischen Bewegung, die in der liturgischen Verwendung von Heiligenstatuen ein abergläubisches Götzentum sahen, dafür sorgten, dass diese entfernt wurden. In Bremen nahm sich der Theologe Christoph Pezel (1539-1604), unterstützt von Bürgermeister Daniel von Büren (1512-1593), der Aufgabe an, die „papistischen" Bilder und Statuen aus den Gotteshäusern verschwinden zu lassen. Dafür, dass das Relief am Marktplatz aus der Franziskanerkirche stamme, spreche die Abbildung von fünf Franziskanermönchen neben Maria und dem Evangelisten Johannes, erklärt Wilhelm Tacke.

Es sind aber nicht *irgendwelche* Franziskanermönche abgebildet, sondern „die ersten, die Märtyrer des damals jungen Barfüßerordens", wie der Historiker sagt. Die Brüder Berard von Carbio, Otho und Petrus Giminiano, sowie Adjutus und Accursius wurden im Jahr 1219 von Franziskus nach Marokko geschickt. Sie sollten den Herrscher Miramolim zum christlichen Glauben bekehren. Der weigerte sich jedoch, ließ die Mönche in den Kerker werfen, misshandeln und anschließend köpfen. Auf dem Relief in Bremen sind die Franziskaner deshalb folgerichtig mit einem Schwert dargestellt. All das weiß Wilhelm Tacke. Er weiß auch, dass das Relief in den 1920er-Jahren unter einem Straßenbelag gefunden wurde, also nach dem Bildersturm wohl als Baumaterial verwendet worden

> „Es war beschädigt, ein Stück war weggebrochen und nachträglich eingefügt worden."

Wilhelm Tacke hat an diesem Relief einen Fehler entdeckt.

war. „Es war beschädigt, ein Stück war weggebrochen und nachträglich eingefügt worden", beschreibt Tacke.

Antonius? Nein! Dieser Franziskanermönch hieß anders.

Tatsächlich. Man kann es genau erkennen: Unterhalb der mittleren Figur wurde ein neueres Stück eingesetzt. Und zwar das, auf dem der Name eines Bruders steht. Ein Teil des Namens zumindest: Das *A* vom Anfang und das *us* am Ende des Namens waren noch im Original erhalten und deutlich zu erkennen. Jetzt liest man *Antonius*. „Und das hat mich stutzen lassen: Denn Antonius von Padua wurde weder geköpft, noch stand er in einem direkten Zusammenhang mit dem Schwert und den anderen vier Franziskanern, die auf dem Relief dargestellt sind. Er starb vielmehr eines natürlichen Todes. Hier konnte also etwas nicht stimmen." Tacke vermutet: „Karl Dillschneider, der damalige Baudenkmalpfleger, hat das *A* und das *us* gesehen und dann als guter Katholik spontan und ohne groß nachzudenken daraus gefolgert, dass das nur ‚Antonius' heißen kann. Denn der heilige Antonius ist neben dem heiligen Franziskus der bekannteste Franziskaner." Leider falsch getippt, wie Tacke recherchierte, denn im Relief ist folgerichtig St. Accursius abgebildet.

So ist das ja oft: Die meisten Fehler passieren dann, wenn man etwas so sicher zu wissen glaubt, dass man nicht weiter drüber nachdenkt.

Eva-Maria Bast

So geht's zum falschen Namen:

Er befindet sich im Relief am Deutschen Haus, an der Seite, die zur Kirche Unser Lieben Frauen zeigt, unter den Arkaden. Der ausgetauschte Name ist deutlich zu erkennen.

Frank Hethey auf dem Kinderspielplatz, der hinauf zum einstigen Standort des Turms führt.

Erdhügel

02

Aussichtsloser Weitblick

Frank Hethey kommt mit seinem Fahrrad um die Ecke. Geht die letzten Meter auf dem Weg im Bürgerpark, der nur ein paar Schritte von der Parkallee entfernt liegt. Hethey ist Journalist und hat sich der Historie verschrieben: Wann immer er über einen Hinweis stolpert, muss er ihm nachgehen. Dann stürzt er sich in Recherchearbeit, verbringt Stunden um Tage in Bibliotheken, oft auch an der Universität. Und auf dem Weg dorthin ist ihm genau hier, in etwa auf Höhe der Emmastraße, ein Hügel aufgefallen. Ein Hügel, von Büschen bewachsen, von dem man gut auf den See am Weg, aber nicht weiter schauen kann. Dabei reichte der Ausblick von dort einst bis nach Vegesack.

„Die Bremer hatten früher ein Faible für gute Aussichten", hat Hethey herausgefunden. Bereits 1883 errichteten sie einen sieben Meter hohen Turm im vorderen Bereich des Bürgerparks. „Dabei handelte es sich aber eher um ein hölzernes Provisorium." Dieser Bau war trotz seiner Höhe etwas zu kurz gedacht – weil die Bäume, wenn sie in voller Pracht standen, mit ihren blätterbehangenen Kronen die Sicht verdeckten. Also musste ein neuer Turm her und das schnell, denn: Im Mai 1890 sollte die Nordwestdeutsche Industrie- und Gewerbeausstellung im Bürgerpark eröffnen. Die von Bremen, Oldenburg und Hannover organisierte Leistungsschau sollte die größte ihrer Art im Deutschen Reich werden. Ein pompöses Ereignis, das flächenmäßig immerhin fast so groß war wie das französische Äquivalent in Paris: Eine eigens eingerichtete Straßenbahnlinie, übrigens die erste elektronische Tram mit Oberleitungsführung in Europa, führte vom Bahnhof zur Ausstellung. Es wurde ein mittelalterlicher Bremer Straßenzug nachgebaut, und neben den sechs Ausstellungshallen gab es auch das Parkhaus mit einer riesigen Kuppel an der Stelle, an der heute das Park Hotel steht. Und eben den Aussichtsturm.

Um das Projekt zu realisieren, half Franz Ernst Schütte (1836-1911) als Erster Vorsitzender des Bürgerparks mit einer Finanzspritze. Architekt Heinrich Müller (1819-1890) entwarf den Aussichtsturm. Er zeichnete zuvor auch für den Bau der Neuen Börse in der Innenstadt verantwortlich. Die Überreste der 1888 abgebrannten und für den Neubau abgerissenen Alten Börse schlug man klein und nutzte den Schutt, um daraus im Bürgerpark einen Hügel aufzuschütten. „Unter der Erdschicht müssten heute noch Reste liegen", ist sich Hethey sicher. Innerhalb eines halben Jahres wurde der Aussichtsturm auf dieser Erhebung errichtet und im Dezember 1889 eröffnet. Es war das letzte Bauwerk, das Architekt Müller vor seinem Tod vollendete.

Und was für eines! Vom eigenen Ruderboot-Anleger am See führten Treppenstufen hinauf zu dem orientalisch anmutenden Bau. 26 Meter waren es bis zur Aussichtsplattform und noch einmal 15 weitere bis zur Fahnenspitze. „Stand man oben auf dem Balkon, dann konnte man in der Ferne den Vegesacker Hafen erkennen. In Betonpfeile waren die Entfernungen zu großen europäischen Städten eingraviert", so Hethey. Ein Gruß an die vielen internationalen Gäste der Leistungsschau, die insgesamt 1,2 Millionen Menschen in den Bürgerpark lockte. Und eine kleine Inspiration für die Bremer, die den Turm ebenfalls gerne als Ausflugsziel nutzten.

Um die vielen Gäste verköstigen zu können, wurde ein Restaurant in das Untergeschoss des Turms integriert und 1895 eine Veranda geschaffen, zum Schutz vor Wind und Wetter rundum mit Fenstern verkleidet. Ein schöner Anblick, aber nicht für lange, denn: Die überschaubare Speisekarte mit leichten Erfrischungen konnte nicht überzeugen, also wurde der Gastronomiebetrieb 1913 wieder geschlossen.

Dann kam der Zweite Weltkrieg. Die Flugabwehr nutzte den Turm als Beobachtungs- und Geschützstand, und die Wehrmacht richtete im Untergeschoss einen Luftschutzkeller ein. Wie durch ein Wunder kam der Prachtbau weitestgehend unversehrt durch den Krieg. „Ausgerechnet die deutschen Soldaten waren es, die dem Turm während ihres Rückzugs im April 1945 schwere Beschädigungen zufügten", sagt Frank Hethey. Nach dem Krieg verfiel das Gebäude, bis es schließlich im März 1962 gesprengt wurde. „Eigentlich schade", bedauert Hethey. „Der Aussichtsturm hätte sicher heute noch für Freude gesorgt."

Freude gibt es am Hügel aber trotzdem: Dort wurde 1970 durch den Bürgerparkverein ein Spielplatz angelegt. Statt Stufen zur Aussichtsplattform erklimmen Kinder seitdem die Leitersprossen zu den Rutschen, die in die Schräge gebaut wurden. Und direkt auf dem Hügel lässt es sich auf Bänken gut aushalten. Die 2006 errichtete Sitzgruppe ist eine Erinnerung des Schnoor-Archiv-Gründers Wolfgang Loose (1918-2014) an seine Frau Anneliese-Loose-Hartke (1921-2007). Sie hatte sich für die Erhaltung der Geschichte des Schnoors stark gemacht, in Eigenregie ein privates Heimatmuseum geführt und dafür 2001 sogar das Bundesverdienstkreuz erhalten. Eine Tafel auf dem Areal weist auf ihren Namen hin. Von dem Aussichtsturm aber, von dem liest man hier oben nichts.

Tobias Meyer

So geht's zum Erdhügel:

Von der Ecke Emmastraße/Parkallee aus sind es nur wenige Schritte bis zum Erdhügel. Der Parkallee Richtung Uni folgen, bis auf der linken Seite der Spielplatz auftaucht.

Dr. Guido Klostermann hat auf dem Boden der Stadtmusikanten-Skulptur ein geheimnisvolles Zeichen entdeckt.

03

Rune
Die Sache mit dem Glück

Über Einsamkeit müssen sich die Bremer Stadtmusikanten wirklich nicht beklagen. Machten sie sich im Grimm'schen Märchen auf den Weg nach Bremen, weil sie ihren Besitzern zu alt und nicht mehr nützlich waren und umgebracht werden sollten, so überschüttet man sie hier mit Gunst. Obwohl sie im Märchen nie in der Hansestadt ankamen, hat man ihnen im Herzen Bremens ein Denkmal geschaffen, das zum Wahrzeichen der Stadt wurde. Es gibt kaum einen Moment, in dem niemand vor ihnen posiert, um sich mit ihnen fotografieren zu lassen oder in dem keiner die Vorderbeine des Esels umfasst, weil das angeblich einen Wunsch erfüllt.

Doch den wenigsten fällt das runenartige Zeichen auf dem Boden der Skulptur auf. Stadtführer Dr. Guido Klostermann hat es entdeckt. Ob es ein Glückszeichen ist? Eine Nachfrage bei der Gießerei, die die Skulptur hergestellt hat, die Herbert Schmäke Kunstgießerei in Düsseldorf, hilft weiter. „Das ist die Signatur von Bildhauer Gerhard Marcks", teilt die Gießerei mit. Als Marcks (1889-1981) die Skulptur Anfang der 1950er-Jahre schuf, hatte er sich schon seit mehr als vier Jahrzehnten mit künstlerischen Tierdarstellungen beschäftigt:

„*Das ist die Signatur von Bildhauer Gerhard Marcks.*"

Gleich nach seinem Abitur Anfang des 20. Jahrhunderts zeichnete er im Berliner Zoo Tierskizzen, und nach seiner Rückkehr aus dem Ersten Weltkrieg fertigte er für eine Steingutfabrik farbige Tierplastiken an. Als ihn der damalige Direktor der Kunsthalle Bremen, Günter Busch, zu den Bremer Stadtmusikanten ermunterte, hatte Marcks bereits ein wechselvolles Künstlerleben hinter sich, viele bedeutende Werke geschaffen – von denen das Bremer Gerhard-Marcks-Haus übrigens eindrücklich Zeugnis gibt –, hatte von den Nationalsozialisten Ausstellungsverbot erhalten und an zahlreichen Kunsthochschulen gelehrt.

Die Stadtmusikanten führten in Bremen jedoch zunächst zu Diskussionen: „Man empfand die von dem Märchen der Gebrüder Grimm inspirierte Plastik als zu modern und abstrakt", schreibt das Gerhard-Marcks-Haus. Dennoch wurde sie nach einer Probeaufstellung ab 1953 zwei Jahre später angekauft. Auch dank des Vorsitzenden des Bremer Verkehrsvereins, Dr. Hanns Meyer, der sich sehr für die Stadtmusikanten einsetzte und Spenden sammelte. Mithilfe eines städtischen Kredits konnten die Stadtmusikanten erworben werden.

Und da steht sie nun, die Skulptur, und erinnert an Esel, Hund, Katze und Hahn, die nach Bremen wollten und nie dort ankamen, weil es ihnen in ihrer Bleibe unterwegs so gut gefiel. Unzähligen Touristen gefällt es aber in Bremen ausnehmend gut – und die Stadtmusikanten gefallen ihnen erst recht. Wie schön, dass das kleine

Das runenartige Zeichen.

Zeichen einen stummen Hinweis auf den Mann gibt, der sie erschaffen hat.

Ach, und übrigens: Knapp Hundert Meter von der Skulptur entfernt, findet sich ein weiterer interessanter Hinweis, der davon kündet, dass die Geschichte der Bremer Stadtmusikanten mit dem Märchen vielleicht noch nicht zu Ende ist. Kamen die Musikanten am Ende doch noch nach Bremen? Guido Klostermann empfiehlt jedenfalls: „Gehen Sie mal in die Böttcherstraße in den Durchgang vom Paula-Becker-Modersohn-Haus zum Handwerkerhof und lesen Sie die Tafel, die dort an der Wand hängt!"

Eva-Maria Bast

So geht's zur Rune:

Die wie eine Rune aussehende Signatur ist in die Platte eingeprägt, auf der die Stadtmusikanten stehen. Diese befinden sich an der Westseite des Rathauses.

Peter Strotmann hat die Schablonenschrift entdeckt, fotografiert – und anschließend am Computer so bearbeitet, dass er die klare Warnung an die Amerikaner entziffern konnte.

04

Kneipenspruch
Amerikaner müssen draußen bleiben

Man muss schon sehr genau hinsehen, um die Aufschrift an der roten Backsteinwand der Kneipe „Gastfeld" in der Bremer Neustadt zu erkennen. Wobei: Aufschrift ist eigentlich schon zu viel gesagt. Vielmehr erscheinen die Überbleibsel an der Fassade links vom Eingang wie schwarze Schlieren, Schmutz oder Ruß. Der Hobby-Historiker Peter Strotmann hatte eine Vermutung, fotografierte die Stelle ab, zeichnete die einzelnen Worte am Computer nach – und staunte nicht schlecht, als er sah, was dabei herauskam: eine Warnung.

Strotmann hat sich bereits mit vielen Kneipen in Bremen beschäftigt. Ein ganzes Archiv über die Bremer Gastroszene ist dabei zustande gekommen. „Irgendwann will ich einmal Geschichten zu 1000 Lokalen zusammen haben", sagt er. Eine Sammelleidenschaft, die ihn auch zum Gastfeld führte und zur Frage, was der Name eigentlich bedeutet. „Nun ja", sagt Peter Strotmann. „Gast ist ein altes, mundartliches Wort für Gerste. Und Feld ist Feld. Zusammengefügt ergibt sich also das Wort Gerstenfeld. Und Gerste – das ist bekannt – wird zum Bierbrauen ebenso benötigt wie zur Whiskyherstellung." Außerdem steht das Lokal an der Gastfeldstraße 67. Aber: „Den Namen trägt es erst seit 2011."

Wie die Kneipe zuvor hieß, hat Strotmann natürlich auch recherchiert. „Das Lokal ist vermutlich eines der ältesten der Neustadt", weiß er zu berichten. Im Oktober 1911 wurde die Polizeiliche Erlaubnis zum Betrieb einer Schankwirtschaft ausgestellt, und zwar auf Wilhelm Siemering (1861-1916). Dieser baute den ehemaligen Gemüseladen zur Gaststätte aus und eröffnete ein Restaurant inklusive Clubraum mit Billardtisch. Das Tresenregal von damals steht – nachdem es einige Jahre im Keller verstaubte – heute wieder an seinem ursprünglichen Platz.

Das „Gastfeld" gehört zu den ältesten Kneipen der Neustadt.

Doch das ist gar nicht die Geschichte, um die es geht. Denn schon fünf Jahre nach der Eröffnung verstarb Siemering, und seine Frau führte die Geschäfte weiter. Als auch sie 1933 das Zeitliche segnete, übernahm ihr Schwiegersohn Christian Meier, der wiederum 1939 starb und das Lokal seiner Frau Marie „Mimi" Meier überließ – die in den darauffolgenden Jahren mit ihrer plattdeutschen Herzlichkeit zum Neustädter Original wurde. Und genau in ihrer Zeit wurde die Warnung an der Fassade angebracht, die sich noch heute entziffern lässt. „Das ist eine echte Seltenheit, dass man sowas noch entdeckt", freut sich Peter Strotmann. „Meistens wurden solche Sprüche überstrichen oder fielen Sanierungsarbeiten zum Opfer."

Aber was steht da denn nun am Gastfeld? Strotmann lächelt. Dann geht er näher an die Wand heran und fährt mit dem Finger über die einzelnen Großbuchstaben. *Off limits to all military and allied personell units and miscellany service organizations BPC*, liest er vor. Auf Deutsch heißt das in etwa „Betreten verboten für alles militärische Personal der Einheiten und sonstigen Dienstorganisationen BPC". Ein eindeutiger Befehl des Bremen Port Command (BPC), also der amerikanischen Militärregierung. Strotmann: „Sie brachte die Worte in Schablonenschrift an vielen Kneipen in Bremen an, um die Amerikaner, allen voran die Soldaten (GIs), an das Fraternisierungsverbot zu erinnern." Dieses besagte, dass sich die Amerikaner von den Deutschen fernhalten sollten. Das BPC hängte sogar Plakate auf, die schockierende Fotos von Kriegstoten und KZ-Häftlingen zeigten. „Remember this!" stand auf den Aushängen, und darunter: „Don't fraternize!"

Die Inschrift im Detail.

Deshalb versuchte die Militärregierung, möglichst viele Freizeitangebote für die GIs zu schaffen, bei denen sie nicht auf Deutsche treffen konnten. „Bremen sollte das GI-Paradies werden", sagt Strotmann. „Das BPC hat sogar eine eigene Broschüre herausgebracht, in der es unter anderem übersetzt heißt: Es ist sehr erfreulich, dass wir erfahren haben, dass viele Soldaten, die im Bremen-Port-Command gedient haben, von einem GI-Paradies gesprochen haben. Wir hoffen sehr, dass Sie später in der gleichen Weise davon sprechen werden." In dem 58-seitigen Heft betonte das BPC auch, wie viel Mühe es in den Aufbau der Angebote investiert habe. Bremen war zwar durch den Krieg zu knapp 60 Prozent zerstört, aber das hinderte die Amerikaner nicht daran, mehr als 4000 Wohnungen und zahlreiche Gebäude in Bremen und Bremerhaven zu beschlagnahmen. Das Weserstadion machten sie zum Ike Stadium, benannt nach Dwight David Eisenhower (1890-1969), der während des Zweiten Weltkriegs Oberkommandierender der alliierten Streitkräfte an der Westfront in Europa war und später zum amerikanischen Präsidenten gewählt wurde. Das Haus des Reichs (siehe Geheimnis 25) wurde zum Hauptgebäude des BPC und das heutige Konzerthaus „Die Glocke" als BPC Recreation Center zum zentralen Treffpunkt – ebenso wie „GI Joe's Beer Bar" im Ratskeller und das Lichtspielhaus „Kaiser-Theater" im Ostertor, das zum Kino umfunktioniert wurde. „Weil die Amerikaner so viel für sich in Anspruch nahmen, übersetzten die Bremer das Wort USA auch mit *Unsere Uhren stehlen sie auch*", weiß Strotmann zu berichten.

Doch die anfängliche Feindseligkeit schlug kurz nach Kriegsende um: Immer häufiger sah man Amerikaner, wie sie mit ihren Autos die „Deutschen Frollein" kutschierten. Und weil sie auch abends nicht unter sich bleiben wollten, besuchten die amerikanischen Soldaten Kneipen, tanzten, feierten und suchten Kontakt zu den Deutschen.

Und genau das sollten die Off-Limits-Aufschriften verhindern. „Wer dagegen verstieß, wurde mit harten Disziplinarstrafen belegt", hat Strotmann herausgefunden. Dennoch: Die GIs ließen sich nicht davon abhalten, und schon am 1. Oktober 1945 wurde das Fraternisierungsverbot wieder aufgehoben. Im Dezember 1945 dann feierten Amerikaner und Deutsche sogar das Weihnachtsfest auf dem Bremer Marktplatz zusammen. Es kamen immer mehr Amerikaner – übrigens 1958 auch Elvis Presley –, und schon bald nannte man Bremen auch die Vorstadt, und Bremerhaven, den Seestützpunkt zur Versorgung der Truppen, den Vorort von Amerika. Erst 1994 zogen die USA ihre letzte Truppe ab. Die Freundschaft aber ist geblieben, etwa mit dem deutsch-amerikanischen Club Carl-Schurz. Bis heute sollen zudem noch etwa 200 ehemalige Soldaten in der Stadt leben – weil sie ihr GI-Paradies zwar aufgegeben, aber in Bremen trotzdem eine neue Heimat gefunden haben.

Tobias Meyer

So geht's zum Kneipenspruch:

Das Gastfeld befindet sich in der Bremer Neustadt an der Gastfeldstraße 67. Der Spruch ist, wenn man direkt vor dem Eingang steht, an der linken Seite der Fassade auf Augenhöhe angebracht.

Die Rückseite des Roland zeugt von einer abenteuerlichen Geschichte.

05

Steine im Roland
Düsteres Geheimnis im Bremer Wahrzeichen

Der Roland hat es gut! Ständig ist er von schicken Damen umringt, die sich vor oder neben ihm in Pose werfen. Einsamkeit kennt er nicht, denn wenn man sich in Bremen verabredet, trifft man sich in der Regel am Roland. Wäre er des Schreibens mächtig, er müsste bestimmt einen Autogrammwunsch nach dem anderen erfüllen. Alle lieben ihn, alle wollen mit ihm gesehen werden, in keinem Fotoalbum darf er fehlen. Dass er viele Jahre lang allerdings ein finsteres Geheimnis in sich barg, wissen nur wenige. Wer schaut sich schon die Rückseite des Roland genau an? Wem fällt auf, dass sich in etwa drei Meter Höhe relativ neue Steine befinden? Und wer würde diesen eine Bedeutung beimessen? Andreas Calic, engagierter und allwissender Stadtführer, kennt das Geheimnis des Roland. Aber bevor wir es lüften, seien der Vollständigkeit halber ein paar Eckdaten genannt.

Die Statue stammt aus dem Jahr 1404 und gilt neben den Bremer Stadtmusikanten (siehe Geheimnis 03) als Wahrzeichen der Stadt. Der 5,47 Meter große Kerl knackt dank seines 60 Zentimeter hohen Sockels insgesamt die Sechs-Meter-Marke. Und da Roland obendrein noch einen Baldachin hat, weist er eine Gesamthöhe von exakt 10,21 Metern auf, was ihn zur größten mittelalterlichen freistehenden Statue in Deutschland macht. Und wer ist nun dieser Roland? „Das ist angeblich der Neffe von Karl dem Großen", stellt Calic vor. „Er soll den Kaiser repräsentieren, der die Marktrechte und Freiheiten verkündet, die man der Stadt verliehen hat." Das ist auch der Inschrift zu entnehmen: *vryheit do ik ju openbar / d' karl vnd mēnich vorst vorwar / desser stede ghegheuen hat / des danket god' is mī radt.* Will heißen: „Freiheit tu ich euch öffentlich kund / die Karl und mancher Fürst fürwahr / dieser Stätte gegeben hat / dafür danket Gott, das ist mein Rat!" Rolands Schwert symbolisiert die städtische Gerichtsbarkeit, sein Schild zeigt den Doppeladler als Zeichen des Anspruchs Bremens auf Reichsfreiheit.

So viel zu den Äußerlichkeiten. Was aber ist nun das Geheimnis des riesigen Kerls? Eines, für das er selbst gar nichts kann: Roland wurde 1938 als Versteck für Dokumente des Nazi-Regimes missbraucht. „Weil die Statue so marode war, dass sie beinahe umgefallen wäre, hat man sie auseinandergenommen, restauriert und wieder zusammengesetzt", erzählt Calic. Die Nationalsozialisten nahmen den Wiederaufbau als willkommene Gelegenheit, eine Dokumentenkassette einzumauern. Die Texte priesen Adolf Hitler und seine nationalsozialistische Ideologie. „Auch ein Text des damaligen Bürgermeisters war darunter, ebenso Zeitungen. Es waren verschiedene historische Dokumente, die damals als so wertvoll eingeschätzt wurden, dass man sie für die Nachwelt bewahren wollte", schildert der Stadtführer.

Obwohl das Einmauern als offizieller Akt begangen wurde, geriet das papierne Innenleben zunehmend in Vergessenheit. „Zwar gab es in den 1960er-Jahren den Versuch, die Kassette zu entfernen, doch ist das im Sande verlaufen. Und 1988, als es kaum noch Zeitzeugen gab und keiner mehr so recht wusste, ob die eingemauerten Dokumente nicht nur ein Gerücht sind, wurde der Roland offiziell geöffnet", beschreibt Calic die Geschichte der Statue. Mithilfe von Metalldetektoren wurde die Kassette im Inneren des Roland aufgespürt, „denn den genauen Ort der Dokumente kannte niemand mehr". Um die Kassette zu bergen, wurden drei Steine an der Rückseite in etwa drei Meter Höhe entfernt, damit man ins Innere der Statue gelangen konnte. Die Kassette selbst, sagt Andreas Calic, sei allerdings zu groß und fest verankert gewesen, um sie aus dem unteren Rücken des Roland herauslösen zu können. Also wurde die Schatulle lediglich geöffnet, ihr Inhalt entnommen – inklusive Überraschung in Form einer Karstadt-Tüte. „Das gab natürlich ein großes Hallo, denn diese Karstadt-Tüten gab es in den 1930er-Jahren, als man die Kassette einbaute, noch gar nicht", erzählt der Stadtführer schmunzelnd. Er hat auch gleich die Erklärung für dieses Rätsel parat: 1984, also bevor die Figur offiziell geöffnet wurde, wurde der Kopf des Roland ausgetauscht, der durch den sauren Regen in den 1970er- und 1980er-Jahren angegriffen war. „Und bei dieser Gelegenheit haben Steinmetze, deren Chef die Geschichte der Kassette im Roland kannte, ihrerseits einen Kommentar geschrieben und diesen in einer Karstadt-Tüte auf die Schatulle gelegt." In ihrem Schriftstück erinnerten die Handwerker daran, dass durch den in den Dokumenten verherrlichten Diktator Millionen Menschen sterben mussten.

Die Dokumente aus dem Inneren des Roland sind jetzt im Staatsarchiv Bremen aufbewahrt. Der Roland ist bestimmt froh, dass man ihn von seinem dunklen Geheimnis befreit hat. Nun kann er ohne diese Last stolz und frei vor dem Rathaus stehen und sich dem Blitzlichtgewitter stellen, das ihn tagtäglich umgibt.

Eva-Maria Bast

So geht's zu den Steinen im Roland:

Der Roland steht mitten in der Stadt vor dem Rathaus. Die ausgetauschten Steine befinden sich in etwa drei Meter Höhe auf der Rückseite.

So hoch war er einmal: Harald Klingebiel auf dem letzten Rest, der vom mittelalterlichen Deich geblieben ist.

06

Alter Deich
Ein Stück Mittelalter auf dem Spielplatz

Echt jetzt? "Echt jetzt", sagt Harald Klingebiel und grinst. Mit dieser Reaktion hat er gerechnet, er war ja selbst ganz erstaunt, als er zum ersten Mal vor dem kleinen Erdwall am nördlichen Ende des Brommyplatzes im Ortsteil Peterswerder stand: Gut eineinhalb Meter hoch ist die Aufschüttung auf dem Spielplatz. Das Areal ist nach Admiral Karl Rudolph Bromme (1804-1860) benannt, dem Befehlshaber der ersten gesamtdeutschen Marine, der seinen Spitznamen von seinen Reisen nach Mittelamerika mitgebracht hat, wo ihn alle nur "Captain Brommy" nannten. Doch mit Wasser hat dieser Geheimnisort nicht nur wegen seines Namensgebers zu tun: Wasser gab es hier im 19. Jahrhundert nämlich jede Menge – und zwar immer dann, wenn die Weser im Winterhalbjahr über die Ufer getreten ist. Nun kann man sich wundern, schließlich gibt es doch den Osterdeich, der die Wassermassen aufhalten soll. „Ja", stimmt Klingebiel zu. „Nur: Damals war er in diesem Bereich – durch die Pauliner Marsch – erst im Planungsstadium." Und bis diese Pläne umgesetzt wurden, musste der mittelalterliche Deich reichen.

Wo dieser genau verlief, hat der Volkswirt und diplomierte Sozialwissenschaftler herausgefunden. Mühsam war das, denn es gibt kaum Dokumente zum Stichwortwort Osterdeich. Was auch daran liegt, dass die einzelnen Abschnitte früher noch andere Titel trugen. Ganz vorne zum Beispiel, direkt hinter den einstigen Stadtmauern, stand der Punkendeich. „Punken ist ein mittelalterlicher Begriff für Prostituierte", erklärt Klingebiel. Denn vor den Stadtmauern hinter den unsicheren Deichen wohnten die Armen. „Und wo es Armut gab, da gab es auch Prostitution." Ein altes Stück Mauer des Punkendeichs ist auch heute noch zu finden: Wieder an einem Spielplatz, dieses Mal direkt im Ostertorviertel, versteckt hinter Gestrüpp am Bleicherweg. „Ich bin der Meinung, dass die alte Mauer noch ein Überbleibsel sein muss", vermutet Klingebiel. Nur wenige Schritte weiter, an der Ecke zur Mozartstraße, ist ein altes, mittlerweile leicht umgebautes Gebäude zu sehen: Ein historisches Kutscherhaus, das einmal zu einer der prunkvollen Villen am Osterdeich gehörte. Doch bis dieses Gebiet bebaut werden konnte, musste noch einige Zeit vergehen.

„Da ging es vor allem ums Sehen und Gesehen werden."

Also zurück zum Brommyplatz, zum Anfang des 19. Jahrhunderts. Vom Punkendeich führte der mittelalterliche Erdwall immer weiter Richtung Osten. „Das hier war alles Weideland", sagt Klingebiel. „Da war es nicht schlimm, wenn es mal unter Wasser stand." Die Menschen siedelten hinter dem Erdwall, der in diesem Abschnitt in Peterswerder Langendeich hieß – eine Straße, die zum Spielplatz führt, trägt noch heute den Namen Am Langen Deich. Die Anwohner hatten ständig mit Hochwasser zu kämpfen, denn ihr Deich war zwar lang, aber niedrig. „Höchstens zwei Meter hoch", schätzt der Stadions- und Bremenhistoriker. „Und stellenweise sogar weniger – denn die Anwohner trugen auch gerne mal Erde ab, für ihr eigenes Stück Land dahinter."

Mitte des 19. Jahrhunderts aber entschlossen sich die Bremer dazu, den Deich zu verlegen. Und zwar näher an die Weser heran. „Das war in erster Linie dafür gedacht, neues Wohngebiet für die Wohlhabenden zu erschließen", ordnet Klingebiel ein. 1863 fing man also an, den neuen Deich anzulegen. Und zwar einen, der gleichzeitig auch als Promenade zum Flanieren diente. „Da ging es vor allem ums Sehen und Gesehen werden", so Klingebiel. Und tatsächlich: Die Reichen kauften sich Bauland und errichteten große Villen am Deich im Ostertor, und nach und nach wurde der Osterdeich, der das dortige Teilstück Eisenradsdeich ersetzen sollte, bis zur Lüneburger Straße verlängert. „Wer im Peterswerder baute, der erwarb gleichzeitig auch eine Grunddienstbarkeit", hat der Lokalhistoriker herausgefunden. „Das heißt: Ohne die Zustimmung der Anwohner durfte im Außendeichsland nicht massiv gebaut werden." Das Recht besteht bis heute und hat zuletzt der Stadt und dem SV Werder Bremen 2004 einiges Kopfzerbrechen bereitet: Da nämlich sollte das Weserstadion seinen Photovoltaik-Mantel erhalten – und niemand war sich sicher, ob die Anwohner dagegen klagen beziehungsweise die Umgestaltung sogar verhindern konnten. Deshalb wurde Klingebiel mit der Forschung beauftragt und sollte ein Gutachten erstellen: der Beginn seiner historischen Untersuchungen zum Deich.

Der mittelalterliche Deich.

Dabei fand Klingebiel auch heraus, dass die Bremer zum Ende des 19. Jahrhunderts den Dom sanieren wollten – ihnen aber das Geld dafür fehlte. „Es gab in den 1870er- und 1880er-Jahren Überlegungen, den mittelalterlichen Deich in Hastedt einfach aufzuschütten. Doch dann kam Kaufmann Franz Schütte als Bauherr der St.-Petri-Domgemeinde auf eine andere Idee: Er wollte den Peterswerder gewinnbringend als attraktives Wohngebiet vermarkten." Dafür nutzte Schütte seine Vormachtstellung, die er als wohlhabender Kaufmann hatte, und machte vorwiegend Geschäfte mit denen, die seine Idee unterstützten. Nicht nur, um selbst einen Vorteil zu haben, sondern um so die Renovierung des Bremer Doms zu fördern. „Das war eigentlich ein ziemlich gewiefter Trick", schmunzelt Klingebiel. „Das alte Weideland im damaligen Außendeichsland nämlich gehörte überwiegend dem St.-Petri-Dom. Schütte verkaufte also das Land, und die Kirche erhielt die Einnahmen. So kam das Geld für eine Sanierung zusammen." Die Domrestaurierung konnte finanziert und der Hastedter Osterdeich 1893 bis zum Weserwehr zu Ende gebaut werden.

Tja, und alles, was noch an den mittelalterlichen Deich erinnert, ist dieser kleine Hügel auf dem Brommyplatz. „Ich bin mir sicher, wenn man hier graben würde, dann fände man ziemlich schnell die Schichten des alten Deichs", meint Klingebiel. Tief buddeln muss man bei der geringen Höhe nicht mehr. „An einigen Stellen ist das Stück Langendeich sogar noch niedriger als das letzte Mal, als ich hier war", fällt Klingebiel plötzlich auf. Er deutet auf zwei tiefe Löcher. „Da haben sich wohl schon wieder welche bedient." An dieser Tradition haben die Bremer also offenbar festgehalten. Wobei: Vielleicht waren es auch nicht die Anwohner, sondern die Spielplatz-Kinder. Den Hochwasserschutz gefährden sie so allerdings nicht mehr – dank des neuen Osterdeichs.

Tobias Meyer

So geht's zum alten Deich:

Der Erdwall ist auf dem Spielplatz auf dem Brommyplatz zu finden. Er liegt direkt hinten bei den Häusern, kurz vor dem Gartenzaun.

Domkanzel
König David mit Glatze

König David? Was macht der denn da? Und warum ist er so ungewöhnlich dargestellt – mit Glatze? Das mag sich der aufmerksame Betrachter der Bremer Domkanzel denken. Denn König David gehört doch nun wirklich nicht in die Figurengruppe der vier Evangelisten, die an der Kanzeltreppe dargestellt sind. Ein Irrtum? Nein! Dass es sich tatsächlich um den biblischen König David handelt, ist sicher. Schließlich steht sein Name über der Figur, so wie die der vier Evangelisten über den benachbarten: *Markus, Matthias, Lukas, Johannes.*

Pastor Christian Gotzen kennt die spannende Geschichte zu der Bremer Besonderheit. „Hinter diesem Figurenwerk steckt jede Menge Politik", verrät er. Doch bevor er das Geheimnis lüftet, erklärt er erst einmal, dass ein Bildnis des Königs aus theologischer Sicht durchaus möglich sei: Am Kanzelkorb sind hauptsächlich Propheten des Alten Testaments abgebildet, daneben Johannes der Täufer und in der Mitte Jesus selbst. Auch das Kanzeldach ist figural reich verziert. „Hier werden sehr wahrscheinlich acht der zwölf Apostel dargestellt", erläutert der Geistliche. „Und darüber thront gewissermaßen triumphierend Christus mit der Siegesfahne des Auferstandenen." Aus theologischer Sicht könne man nun Folgendes herleiten: „Wir haben sowohl am Kanzelkorb als auch am Kanzeldach Jesus Christus präsent, da ist es doch klar, dass er auch an der Treppe abgebildet sein muss." Dies geschehe stellvertretend durch David, da König Isai, der Tausend Jahre vor Jesus gelebt haben soll, als Jesu Urahn gelte. „Die Stammbäume im Matthäus-Evangelium führen Jesus auf König David zurück", erklärt Christian Gotzen. „Die Wurzel Jesse, der Vater Davids, ist Isai. Es ist der Grundstock, aus dem nicht nur das Königtum Israels, sondern auch Jesus selbst hervorgegangen ist", ergänzt der Pastor und findet: „Das ist eine sehr eingängige theologische Erklärung." Aber letztendlich sei dies nicht der Grund, warum König David inmitten der vier

Pastor Christian Gotzen weiß: Diese Kanzel hat viel mit Politik zu tun.

Evangelisten weilt. Und auch nicht der, warum er eine Glatze hat. Sondern? „Das hängt im weitesten Sinne mit der Reformation zusammen", holt der Pfarrer aus. „Wie viele andere Freie und Reichsstädte, hat sich Bremen schon sehr früh der Reformation angeschlossen", schildert Gotzen. „1522 gab es die erste reformatorische Predigt, 1534 eine neue Kirchenordnung. Wenige Jahre nach der Reformation war Bremen von der Verfassung her eine reformierte Stadt."

„Wenn man sein Gesicht mit dem des dänischen Königs Christian III. vergleicht, stellt man eine verblüffende Ähnlichkeit fest."

Im Ringen um die neue Glaubensausrichtung ist es schon 1532 zu Auseinandersetzungen darüber gekommen, was mit dem Bremer Dom, der ehemaligen katholischen Bischofskirche, passieren soll; der Dom wurde geschlossen. Ausschlaggebend für das künftige Schicksal des imposanten Bauwerks waren die Differenzen der verschiedenen Auslegungen und Herangehensweisen der unterschiedlichen reformatorischen Bewegungen. „An diesem Punkt hat sich der bereits lutherische dänische König Christian III. (1503-1559) eingemischt. Das war ja die Zeit der Vielstaaterei, die dänische Krone erhob später, ab 1637 Anspruch auf die Dom-Insel, ab 1648 dann die Schwedenkönige." Und schließlich ab 1715 das Kurfürstentum Hannover, das im 18. Jahrhundert Eigentümer der Dom-Insel war. Erst mit dem Reichsdeputationshauptschluss 1803 kam sie zu Bremen.

Weil man keine Antwort auf diese Differenzen fand und auf jeden Fall vermeiden wollte, dass hier ein katholischer Gottesdienst stattfindet, blieb der Dom von 1561 bis 1638, also weitere 77 Jahre lang, geschlossen", erklärt Pastor Gotzen. Inzwischen tobte der Dreißigjährige Krieg (1618-1648) im Heiligen Römischen Reich Deutscher Nation und hinterließ auch in Bremen Spuren. „Hier kam es zu zahlreichen Auseinandersetzungen, die Stadt wurde durch kaiserliche Truppen belagert, aber auch durch Truppen des dänischen und schwedischen Königs." Und nun kam Friedrich III. (1609-1670), Sohn des dänischen Königs Christian IV. (1577-1648) und späterer dänischer König, ins Spiel: Über seinen Sohn Friedrich, der Erzbischof der Bistümer Bremen und Verden war, nahm Christian enormen Einfluss auf die kirchlichen Entwicklungen in Bremen. Er konnte zum Beispiel durchsetzen, dass im Dom lutherische Gottesdienste abgehalten werden. „Und so erweiterte der dänische König dank seines Sohnes seinen Einflussbereich. Am 23. September 1638 wurde ein erster lutherischer Gottesdienst im Dom gefeiert. Das war der Gründungsgottesdienst unserer evangelisch-lutherischen Gemeinde mitten in einer reformierten Stadt", stellt Christian Gotzen fest.

Der Gottesdienst war zugleich ein Triumph für den dänischen König, Christian IV. und seinen Sohn, den Erzbischof. Und das wollte dieser natürlich zum Ausdruck bringen: „Er gab dem Glückstadter Bildhauer Georg Kriebel den Auftrag, diese Kanzel zu gestalten", erzählt Gotzen. Und nun sind wir wieder bei David: „Wenn man dessen Gesicht mit dem Porträt des dänischen Königs Christian III. vergleicht, stellt man eine verblüffende Ähnlichkeit fest", sagt Pastor Gotzen. „Christian IV. hat damit seinem Großvater ein Denkmal geschaffen und damit auch seinen Sieg in diesem Machtkampf zum Ausdruck gebracht. In Erinnerung daran, dass circa einhundert Jahre zuvor sein Vorfahr als junger Herrscher erfolgreich die Reformation in Dänemark eingeführt und sich für die lutherische Sache eingesetzt hat." Das dänische Königshaus brachte so seinen Anspruch auf seine Bremer Präsenz zum Ausdruck. „Christian IV. hat seinen Großvater als David darstellen lassen, weil er selbst auch König war", erklärt der Pastor. „Und damit entsteht ein enormer Anspruch, der besagt: Wir stehen in derselben Linie, wir sind die rechtmäßigen Erben des Königreichs David. Damals

Warum hat König David eine Glatze?

waren Glaube und Politik sehr stark ineinander verwoben." Die Säkularisation, die heutige Trennung von Kirche und Politik, gab es damals noch nicht, im Gegenteil: „Die weltlichen Herrscher wollten dokumentieren, dass beides zusammengehört und dass sie legitimiert sind,

33

den theologischen Anspruch der lutherischen Kirche in dieser Stadt zu verkörpern." Den reformierten Ratsherren sei das allerdings ein Dorn im Auge gewesen, vermutet Christian Gotzen. „Sie wussten, dass hier ein lutherischer Gottesdienst gegen ihren Willen stattfindet. Sie haben sich zwar unter Druck auf diesen Kompromiss eingelassen, doch glücklich waren sie damit nicht: Mitten im Herzen der Stadt eine lutherische Kirche zu haben, das galt als anstößig und hat die Geschichte unserer Gemeinde sehr geprägt."

Und warum ließ Christian IV. König David nun mit Glatze darstellen? „Ursprünglich hatte er natürlich keine Glatze, sondern trug ein Barrett auf dem Kopf", schmunzelt Pastor Gotzen. „Es hat wohl den Domherren im 19. Jahrhundert nicht gefallen, dass man einer für die jüdisch-christliche Kultur so bedeutsamen Person wie David einfach ein Barrett verpasst." Deshalb habe man es kurzerhand entfernen lassen. „Ob David nun mit Glatze herrschaftlicher aussieht als mit Barrett, das ist ein ganz anderes Thema", sagt er. „Da kann man ja fast schmunzeln. Ein Barrett als allzu offensichtliches Insignium eines Herrschers des 17. Jahrhunderts wollten die hohen Herren wohl nicht mehr sehen."

Und so hat er nun eine Glatze, der David auf dem Treppenaufgang der Bremer Kanzel, der eigentlich König Christian III. ist.

Eva-Maria Bast

So geht's zur Domkanzel:

Sie befindet sich im Dom im Mittelschiff links neben dem Mittelaltar. Die Figur des David ist am Treppenaufgang angebracht, als mittlere zwischen den vier Evangelisten. Der Dom steht an der Ostseite des Marktplatzes.

Peter Strotmann vor der Elefantentür im Schnoor.

Elefantentür
Was vom Norddeutschen Lloyd blieb

Wer durch den Schnoor bummelt, kommt aus dem Staunen nicht mehr heraus. Diese engen verwinkelten Gassen! Diese schmalen, kunstvoll verzierten Häuser! Selbst Urbremer können vom ältesten Stadtteil der Hansestadt nicht genug bekommen. Bei so vielen Sehenswürdigkeiten auf engem Raum verwundert es nicht, dass schnell auch etwas übersehen wird. Zum Beispiel die Tür zwischen den Häusern der Nummer 28 und 29. Dabei ist das schmiedeeiserne Werk wahrlich eine Schönheit: Indianerähnliche Gesichter, stilisierte Elefantenköpfe und schnörkelige Elemente verzieren es – und in der oberen Mitte, das fällt sofort ins Auge, ist ein goldenes Emblem integriert. Drei Buchstaben, übereinander gelegt: *NDL*. Norddeutscher Lloyd.

Hobby-Historiker Peter Strotmann hat die Tür bei einem seiner Spaziergänge durch den Schnoor entdeckt. Und war irritiert, denn: Obwohl das Quartier in enger Beziehung zur Seefahrt stand, hatte die Bremer Reederei hier nie ihren Sitz. Das Verwaltungsgebäude befand sich einst im Herzen der Innenstadt. Ein monumentaler Prachtbau, opulent im Stil der Neorenaissance gestaltet. Für die Architektur zeichnete Johann Georg Poppe (1837-1915) verantwortlich, zu Lebzeiten einer der wichtigsten Architekten Bremens, der unter anderem auch die Baumwollbörse und das Wasserwerk auf dem Stadtwerder, die Umgedrehte Kommode, konstruiert hat. 1907 wurde der Grundstein für das neue NDL-Verwaltungsgebäude gelegt, und bereits 1910 konnte der palastartige Bau eröffnet werden: Zwischen Papenstraße, Pelzerstraße und Großer Hundestraße – dem Areal, auf dem heute das Galeria-Kaufhof-Gebäude steht – überragte ein markanter Turm, von den Bremern schlicht Flasche genannt, die Dächer der angrenzenden Häuser, und die schmuckvollen Giebel waren noch aus weiter Ferne zu sehen.

Die Herkunft der Tür ist an den drei Buchstaben klar zu erkennen.

Ein imposanter Bau, der auch den Aufstieg des 1857 von Hermann Heinrich Meier (1809-1898), Eduard Crüsemann (1826-1869) und Gustav Kulenkampff (1811-1878) gegründeten Norddeutschen Lloyd zur zeitweise größten deutschen Reederei widerspiegelte: Nachdem 1858 der Dampfer „Bremen" von Bremerhaven aus Kurs auf New York nahm, wurde die Linie schnell zu einer der wichtigsten Routen für Frachtschiffe – und für Menschen, die nach Amerika übersiedeln wollten. 50 Tage dauerte die Überfahrt mit einem der Lloyd-Dampfschiffe. Da Anfang des 20. Jahrhunderts, zur Blütezeit des Auswanderergeschäfts, bis zu 200.000 Passagiere jährlich über Bremerhaven das Land verließen und der NDL mit seinen modernen Vierschornsteindampfern maßgeblich daran beteiligt war, wurde am Bremer Hauptbahnhof ein eigener Lloyd-Bahnhof eingerichtet: ein mächtiger, neobarocker Bau mit einem offenen Dachreiterturm und einem Wartesaal über zwei Etagen. Noch heute ziert das Wappen der Reederei das seit 2001 unter Denkmalschutz stehende Gebäude, in dem sich mittlerweile das Courtyard Marriott Hotel befindet. Hier treffen sich jedes Jahr zum Gründungstag des NDL, am 20. Februar, ehemalige Reederei-Mitarbeiter. Der Prachtbau in der Innenstadt allerdings, der steht nicht mehr.

„Jetzt sind die fünf Kontinente als Deko-Elemente in einem China-Restaurant in Oslebshausen untergekommen."

Das Verwaltungsgebäude wurde im Zweiten Weltkrieg bombardiert, und der prunkvolle Turm war stark beschädigt. „Also wurde die Belegschaft der Reederei, die zu Kriegsende bis auf ein einziges Schiff ihre gesamte Flotte verloren hatte, 1950 in die ehemalige Gepäckabfertigung im Lloyd-Bahnhof verlegt", erklärt Strotmann. „1949 eröffnete Remmers Bierstuben, eine stadtweit bekannte Kneipe, im Keller des Verwaltungsgebäudes in der Innenstadt; und 1954 zog die Baubehörde in das ehemalige NDL-Gebäude ein." Allerdings nicht für lange, denn bereits 1968/1969 wurde das Lloyd-Haus abgebrochen. Einige Fassadenelemente und andere schmuckvolle Teile lagerte die Baubehörde ein. Strotmann: „Im Weser-Kurier konnte man lesen, dass der damalige Baudenkmalpfleger wenig für das Gebäude übrighatte." Strotmann traute seinen Augen kaum, als er las, dass der vermeintliche Experte den Bau als „Ding" und „Sandsteinbrocken" bezeichnete, und dass man die Fassadenteile einlagere, aber nur, „bis sich jemand dafür interessiert. Bis zum Winter muss alles weg sein", und so konnten sich Interessierte noch ein paar Überbleibsel aus dem Gebäude sichern. Wenig später baute Horten dort mit dem bis heute bestehenden Galeria-Kaufhof einen nüchternen, grauen Komplex an Ort und Stelle. Lediglich der Name der überdachten Einkaufsmeile deutet noch auf die Reederei hin: die Lloyd-Passage.

Der Norddeutsche Lloyd selbst fusionierte 1970 mit seinem einstigen Konkurrenten, der Hamburg-Amerikanischen Packetfahrt-Actien-Gesellschaft, kurz Hapag. In der darauffolgenden Zeit wurden nach und nach Abteilungen nach Hamburg verlegt und Bremen als Standort schließlich aufgegeben.

Ganz verschwunden ist die einstige Weltreederei aus dem Stadtbild allerdings nicht. Neben nach den Gründern benannten Straßen und dem ehemaligen Lloyd-Bahnhof sind in der Stadt verstreut Relikte aus dem alten Verwaltungsgebäude zu finden, wie die besagte Elefantentür. Wie diese im Schnoor gelandet ist, weiß auch Strotmann nicht, hat aber eine Vermutung: „Damals konnte jeder Bürger etwas von dem Gebäude erwerben. Seitdem suche ich die Stadt nach solchen kleinen Kostbarkeiten ab."

Auch in Oslebshausen sind Überbleibsel zu sehen: Fünf große Sandsteinreliefs, jedes 2,78 Meter lang und 1,40 Meter hoch. Darauf die Inschriften *Europa*, *Amerika*, *Afrika*, *Asien* und *Australien*. In der Mitte jeweils ein Kranz mit einem Profil eines Menschen aus dem entsprechenden Kontinent. Die Reliefs zierten einst, in etwa zehn Metern Höhe, die Rundfenster über dem Hauptportal des Lloyd-Verwaltungsgebäudes und sollten die internationalen Beziehungen der Reederei betonen. In Oslebshausen schmückten sie zur Eröffnung das Möbelhaus Sander-Wohnwelt. „Der alte Herr Sander erhielt die Sandstein-Tafeln damals wohl gegen eine großzügige Spende zur Verzierung", sagt Strotmann. „Die Presse schrieb begeistert: Die Sander-Wohnwelt will ihren internationalen Charakter bereits am Eingang deutlich machen: fünf große Steintafeln mit allegorischen Darstellungen der fünf Erdteile, dahinter flattern Fahnen aus diesen Erdteilen." Mittlerweile haben diese Tafeln mit einem Gewicht von jeweils etwa drei Tonnen erneut ihren Standort gewechselt, sagt Strotmann und lächelt: „Jetzt sind die fünf Kontinente als Deko-Elemente in einem China-Restaurant in Oslebshausen untergekommen."

Tobias Meyer

So geht's zur Elefantentür:

Der Straße Schnoor aus der Stadt kommend Richtung Tiefer folgen. Zwischen Hausnummer 28 und 29 befindet sich die Tür rechts.

Die goldene Scheibe über dem Eingang zur Katharinen-Passage.

Goldene Scheibe
Mönche und eine schöne, heilige Frau

Wer in die Katharinen-Passage will, hat vor allem eins im Sinn: einkaufen. Deshalb wird er zielstrebig in selbige hineineilen und nicht davor stehenbleiben, um nach oben zu schauen. Täte er es doch, würde er Folgendes sehen: Eine große, goldene Scheibe, durch die sich mehrere Streben ziehen – wie Speichen an einem Rad. Der so Hinaufschauende würde sich angesichts dieser Scheibe aber vermutlich weder an die heilige Katharina noch an ein Dominikanerkloster erinnert fühlen.

Nein, bestätigt Andreas Calic, Gästeführer in Bremen. Schließlich sei diese Scheibe auch für die wenigen, die sie entdecken, einfach nur hübsch anzusehen. Sie hat aber eine weitreichendere Bedeutung: „Am Ort der heutigen Katharinen-Passage stand im Mittelalter das Katharinenkloster der Dominikaner", beginnt er zu erzählen. 1225 war der Orden nach Bremen gekommen, eine erste Kirche wird 1253 urkundlich erwähnt. 1284 wurde eine zweite Kirche geweiht, die man im 15. Jahrhundert zur Hallenkirche umbaute. Im Süden, an der Sögestraße, befand sich der Klosterhof mit Kreuzgang, außerdem gab es hier einen

Wirtschaftshof, ein Refektorium sowie Wohn- und Wirtschaftsräume. „Das Ende der Dominikaner in Bremen kam ab 1524 mit der Reformation", erzählt Andreas Calic. „Da sich die Dominikaner der protestantischen Lehre nicht anschlossen, wurden sie nach und nach vertrieben und das Kloster 1528 geschlossen."

Andreas Calic pflückt eine steinerne Traube.

In der Folge nutzte man es verschiedentlich, unter anderem als Lateinschule, 1888 war es weitgehend zu Ende mit den klösterlichen Gemäuern: An der Ecke Sögestraße/Schüsselkorb wurde ein großes Geschäftshaus errichtet, die einst sakralen Gebäude mussten weichen. Der Chor blieb allerdings stehen und überstand auch den Bombenhagel im Zweiten Weltkrieg – um mit der Verbreitung des Schüsselkorbs in den 1960er-Jahren doch noch abgerissen zu werden. Als die Katharinen-Passage in den 1980er-Jahren gebaut wurde, wollten die Architekten daran erinnern, dass sich an dieser Stelle einst ein Kloster befand, erzählt der Stadtführer. Zahlreiche Bauteile aus dem Kloster sind hier verbaut – wenn man in der Passage genau hinsieht und den Blick etwas hebt, kann man sie entdecken.

Und am Osteingang, dort, wo sich auch die Scheibe befindet, gibt es noch ein weiteres hübsches Detail: Eine kleine Steineidechse, die sich an Trauben labt. „Nun essen Eidechsen normalerweise keine Weintrauben, sondern Insekten", sagt Calic. „Die Eidechse hier frisst also eher die Insekten, die auf den Weintrauben sitzen. Aber auf den ersten Blick denkt man: Eidechsen und Weintrauben – wie passt das zusammen?" Er ist sich sicher, dass die Architekten auf eine besondere Symbolik verweisen wollten: „Die Eidechse gehört zu den kriechenden Tieren und steht für das Unreine. Die Weintrauben wiederum spielen auf das Paradies an, denn Jesus wird häufig als Gärtner oder als Vater bezeichnet, der einen Garten hat." Die Weintrauben gehörten zu den kostbarsten Früchten und symbolisierten dagegen das Gute. „Hier versucht die Eidechse als gefallener Sünder an das Gute zu kommen und ihr Leben zu läutern." Und die alte Funktion des Klosters sei ja eben das: gefallene Sünder aufzunehmen.

Doch was die goldene Scheibe mit dem Kloster zu tun hat, das hat Calic noch nicht verraten. „Das Kloster war der heiligen Katharina von Alexandrien geweiht. Und deren Attribut ist das Rad. Die goldene Scheibe stellt ein stilisiertes Rad dar." Dass die Scheibe golden ist, passt: Katharina soll unermesslich schön, strahlend und obendrein hochgebildet gewesen sein. Sie hatte die Vision, dass ihr das Jesuskind einen Verlobungsring anstecke, Jesus Christus also ihr Bräutigam sei. Katharina wies alle Männer ab, auch den römischen Kaiser Maxentius (um 278-312), der sie daraufhin foltern ließ und rädern lassen wollte. Doch die Räder zerbrachen angeblich: ein Wunder, das Katharina noch mehr Anhänger brachte und den Kaiser noch wütender machte. Er ließ ihr die Brüste abreißen und sie enthaupten. Doch aus der Wunde soll statt Blut Milch geströmt und Katharinas Leib von Engeln auf den Berg Sinai getragen worden sein.

Ihr Gedenktag ist der 25. November. Und lange Zeit wurde dieser auf besondere Weise begangen: Alle Räder hatten an Kathrein zu ruhen, vom Spinnrad bis zum Mühlrad. Übrigens: Die Schneiderinnen der Modehäuser von Paris tragen dank der Heiligen heute noch den schönen Namen Cathérinettes, und an ihrem Gedenktag wird dort gefeiert. Manche Betriebe genehmigen ihren Angestellten auch den Besuch einer Katharinen-Statue. Dieser setzen sie dann einen mit grünen und gelben Bändern geschmückten Hut auf. Irgendwie passend in Bezug auf die Bremer Einkaufspassage. Vielleicht sollte Bremen mal drüber nachdenken, hier den Katharinentag zu feiern. Mit Champagner und grün-gelben Hüten für die Damen.

Eva-Maria Bast

So geht's zur goldenen Scheibe:

Man kann sie an der Ostseite über dem Eingang zur Katharinen-Passage entdecken. Links unterhalb der Scheibe befindet sich die kleine Eidechse. Die Passage verbindet die Sögestraße mit der Katharinenstraße.

Kaiserkopf
Bremer mit Köpfchen

Irgendwie blöd. Da hat man nun einen neuen Kaiser, und der ist Bremen auch noch ganz wohl gesonnen. Und es gibt auch ein Denkmal für den Kaiser. Aber: für den falschen! Der, der als Skulptur vor dem Dom thront, ist schon lange tot. Wer braucht denn noch ein Gedenken an Karl den Großen, wenn doch Wilhelm II. in Amt und Würden ist?

So oder so ähnlich müssen die Bremer gedacht haben, als sie im Zuge der Domsanierung (1888-1901) beschlossen, die mittlere der fünf vor dem Dom sitzenden Skulpturen ihres Kopfes zu berauben und durch einen anderen zu ersetzen. Der erste Kopf gehörte Kaiser Karl dem Großen (747 oder 748-814). Beim zweiten handelte es sich um das Konterfei von Kaiser Wilhelm II. (1859-1941). „Es war den Bremern ausgesprochen wichtig, den Kaiser bei Laune zu halten", erzählt Stadtführer Dr. Guido Klostermann. „Deshalb wollten sie Kaiser Wilhelm II. auch vor dem Dom ein Denkmal setzen." Wilhelm II. habe Bremen regelmäßig besucht: „Er kam ein Mal jährlich in die Stadt und aß und trank im Ratskeller, in dem dort nach ihm benannten Kaiserzimmer." Im neuen Rathaus habe man ihm eigens ein kleines Kabinett eingerichtet. „Die Bremer haben sich zeitweise sehr bemüht, Kaisertreue zu zeigen", sagt Klostermann. „Und zwar vor dem Hintergrund, sich als Freie Reichsstadt zu behaupten."

Beharrlich wurde die Legende gepflegt, wonach bereits Kaiser Karl der Große der Stadt die Freiheit verliehen habe. „Diesen Bluff haben die Bremer schon vor über 600 Jahren ihrer Freiheitsstatue Roland auf den Schild geschrieben und etwa zur selben Zeit zusätzlich eine Kaiserskulptur an der Fassade des Alten Rathaus platziert. Doch das änderte nichts an den historischen Tatsachen", sagt Klostermann. Zwar hatte Bremen bereits seit dem 12. Jahrhundert direkte Verbindung zum Kaiser, wie das Gelnhauser Privileg belegt, das Kaiser Friedrich Barbarossa 1186 ausgestellt hatte. Doch es sollte noch

Kaiser mit ausgetauschtem Kopf: Der Körper gehört Karl dem Großen, der Kopf Wilhelm II.

dauern, bis die Reichsunmittelbarkeit der Stadt im Linzer Diplom am 1. Juni 1646 bestätigt wurde. Zwischen „Freier Stadt" und „Reichsunmittelbarkeit" gibt es wichtige Unterschiede. Eine Freie Stadt hatte zwar noch nominell einen Fürsten, weltlich oder geistlich, über sich, besaß aber große Selbstverwaltungsrechte und genoss einige Privilegien. Das war mit dem Gelnhauser Privileg der Fall. Eine Stadt, die reichsunmittelbar wurde, hatte im Gegensatz zur Freien Stadt keinen anderen Landesherrn über sich als den Kaiser höchstselbst, hatte nur ihm Steuern zu zahlen und Heerfolge zu leisten. Diese reichsunmittelbaren Städte wurden auch Reichsstädte genannt. Reichsunmittelbar wurde Bremen 1646 mit dem Linzer Diplom, das von Kaiser Ferdinand III. während des Dreißigjährigen Krieges ausgestellt wurde.

„Bremen war im Laufe seiner Geschichte nur zwei Mal besetzt, zum einen französisch von 1811 bis 1813 während der Napoleonischen Kriege, zum anderen in den ersten Jahren nach dem Zweiten Weltkrieg zunächst britisch, dann amerikanisch", sagt Klostermann. Ansonsten gilt Bremen als die Freie Stadt, die früher einmal nur dem Kaiser Untertan gewesen ist. Wenn es darum ging, diesem zu huldigen, reagierten die Bremer mit Köpfchen – oder kopflastig.

„Die Bremer haben sich immer sehr bemüht, Kaisertreue zu zeigen."

Eva-Maria Bast

So geht's zum Kaiserkopf:

Die Skulptur mit dem ausgetauschten Kopf ist die mittlere der fünf Skulpturen vor dem Dom. Dass der steinerne Kopf neueren Datums ist, lässt sich bei genauem Hinsehen gut erkennen.

Altbürgermeister Henning Scherf mit seinem Fahrrad in dem schmalen Glockengang.

Glockengang
Wo die Klockmannen wohnten

In der engen Gasse zwischen Violenstraße und Ostertorswallstraße ist es ruhig. Die Bahnen, wie sie ratternd durch die Violenstraße fahren und dann auf Höhe der Buchtstraße abknicken – klar, die sind unüberhörbar. Ansonsten: nichts. Zwei Männer biegen in den schmalen Gang ein, sie können zwischen den hohen Häuserwänden gerade so nebeneinander gehen, viel Platz ist da nicht mehr. Altbürgermeister Henning Scherf hätte wohl Schwierigkeiten, sich an der engsten Stelle einmal querzulegen mit seinen langen 2,04 Metern Körpergröße. Oft fährt er mit seinem Fahrrad durch die Gasse, denn sie ist eine schnelle Verbindung zwischen Innenstadt und Wall.

Jetzt schiebt er seinen Drahtesel über den schmalen Weg, vorbei an dem Schild am Eingang. Glockengang steht dort. Aber Glocken sind hier nicht zu sehen.

„Früher", sagt Henning Scherf und schaut in den strahlend blauen Himmel, „wenn dort oben die schwarzen Gewitterwolken hingen, wenn es donnerte und blitzte – dann war hier was los." Dann hörte man Rufe, kurz darauf knarzten die Türen und es trappelten dunkle Gestalten in schweren Stiefeln über das Pflaster. Während der Rest der Bremer versuchte, sich vor dem Gewitter ins Trockene zu retten oder das Haus erst gar nicht zu verlassen, mussten die sogenannten Klockmannen raus. Rannten hinüber zu dem nur wenige Hundert Meter entfernten Dom, zur Liebfrauenkirche oder zur St. Ansgarii, um die Glocken zu läuten. Warum? „Im Mittelalter herrschte ein alter Volksglaube vor, dass Glockenschläge die Dämonen verscheuchen würden", erklärt Scherf.

Tatsächlich gingen die Menschen damals davon aus, dass Glockengeläut das Böse vertreibt. So sollte etwa das Wetterläuten Dämonen wie Feuersbrunst, Hagel, Stürme und Luftmächte bezwingen. In der Regel waren es die Klockmannen, die die Glocken bereits schlugen, wenn dunkle Wolken sich dem mittelalterlichen Bremen näherten. Und die zur Not – wenn das Unwetter sich durch den Lärm nicht beeindrucken ließ – mit der Monstranz vor dem Kircheneingang standen und den Wettersegen und spezielle Gebete gegen die Wetterdämonen sprachen.

Was aber hat das alles mit dem Glockengang zu tun? Schließlich liegt dieser doch noch einige Gehminuten von den nächsten Kirchen entfernt. „Die Liebfrauenkirche, St. Ansgarii und der Dom hatten eigene Glockenlehen", weiß der Altbürgermeister zu erzählen. „Kleine Häuser, mit denen die Bremer belehnt wurden, die für die Glocken zuständig waren."

„Im Mittelalter herrschte ein alter Volksglaube vor, dass Glockenschläge die Dämonen verscheuchen würden."

Das nach dem Vorbild des römischen Klientelwesens entwickelte Lehnswesen war zu der Zeit, um 1500, in der Gesellschaft weit verbreitet und folgte einem einfachen Prinzip: Für eine Lehnsgabe stellte sich der Belehnte in den Dienst des Lehnsherren. Genauso verhielt es sich mit den Klockmannen. Sie verpflichteten sich, bei Wind und Wetter – im wahrsten Sinne des Wortes – die Glocken zu läuten und so die Stadt vor Dämonen zu schützen oder vor Feuer zu warnen. Dafür erhielten sie und ihre Familie Wohnrecht in eigens dafür bereitgestellten Häusern. Das war aber nicht der einzige Vorteil: Dadurch, dass die Glockenmänner die Glocken läuteten und auch andere Aufgaben bei der Durchführung der Gottesdienste übernahmen, wurden sie im öffentlichen Ansehen zu den Geistlichen gezählt.

Da die Belehnung der Glockenstellen auf Lebenszeit vergeben wurde, wohnten viele Generationen der Klockmannen in ein und derselben Gasse: dem Glockengang. Heute weist – außer dem Namen – nichts mehr auf dieses Stück Bremer Stadtgeschichte hin. Wenn die Menschen durch die Gasse gehen, dann höchstens, um zum Wall zu gelangen. Oder zum City Hotel Hanseatic, denn das liegt fast in der Mitte des schmalen Gangs, Hausnummer 4. Mit seinen fünf Zimmern zählt es zu den kleinsten Hotels in Bremen. Wenn die Bewohner das Haus verlassen, zieht es sie meist zuerst direkt zum Dom. Nicht, um die Glocken zu läuten, sondern um sich von dessen Anblick begeistern zu lassen. Aber nur, wenn es draußen nicht stürmt und blitzt.

Tobias Meyer

So geht's zum Glockengang:

Der Glockengang befindet sich etwa zehn Meter Richtung Innenstadt von der Ecke Buchtstraße/Bürgerstraße entfernt an der Violenstraße.

Georg Skalecki am Eingang zur St.-Veit-Kapelle, die nach einer bewegten Geschichte heute ein Ort der Ruhe ist.

12

Weißer Pfeil
Tote, Kohlen und eine Tombola

Moment mal, das ist doch – ein Pfeil! Ein ziemlich großer sogar. Die weiße Farbe am Nordschiff der Liebfrauenkirche ist zwar kaum noch zu erkennen, aber die Spitze, das ist eindeutig, zeigt auf eine niedrige Holztür. Nur: Wo führt die hin? Öffnen lässt sie sich jedenfalls nicht. Also einmal um das Gebäude herum, zum Eingang.

Dort wartet Georg Skalecki schon. Er weiß, was es mit dem Pfeil auf sich hat. „Es gibt einen Ort, den vergessen viele Bremer und Touristen bei ihrem Besuch in der Kirche Unser Lieben Frauen", sagt der Bremer Landesdenkmalpfleger, während er durch die Bankreihen geht. Verständlich – schließlich gibt es in dem prächtigen Bau allerlei zu sehen, und wer ein volles Programm hat, der schaut wohl kaum in die Winkel und Ecken des Gotteshauses. Doch genau dort, ganz hinten, befindet sich eine Treppe, und Skalecki steuert direkt darauf zu.

Die Stufen führen hinab in den Keller des Gebäudes. Nur: Ob man hier wirklich hinuntergehen darf? Immerhin ist der Weg nicht ausgeschildert und vielleicht doch nur für das Personal zugänglich?

„Kommen Sie", sagt Georg Skalecki lächelnd. „Da müssen wir runter." Stufe für Stufe geht es hinab. Unten angekommen, führt ein schmaler Gang zu einer Tür. Rechts und links liegen große Steine, und überhaupt sieht hier alles sehr alt aus. Aber die Gittertür steht offen, also hinein.

„Schön, oder?", fragt Georg Skalecki und blickt sich um: In der Mitte des Raums zwei Pfeiler, an der Decke Gewölbe, und an der Wand alte Malereien. Sie zeigen in einem dreiteiligen Bogen Szenen aus der Bibel. Auf der rechten Seite sieht man Jesus, wie er gefesselt von Statthalter Pontius Pilatus verhört wird. Das Bild in der Mitte stellt im Vordergrund jemanden mit einem Schwert dar, der sich loszureißen scheint von einer Hand, die ihn hält. Und das linke Motiv? Das lässt sich nicht mehr genau erkennen, weil an dieser Stelle ein Durchbruch für eine Tür geschlagen wurde. „Man geht davon aus, dass die Bilder zu einer Geschichte gehören. Nur leider kann man nicht ganz deuten, zu welcher", sagt Skalecki. So gibt es Interpretationen, dass das mittlere Motiv zurückzuführen ist auf die Erzählung des Evangelisten Markus, der in Markus 14, Vers 50-52, von einem jungen Mann berichtet, der Jesus nach seiner Gefangennahme gefolgt ist. Als man ihn entdeckte, habe er sich losgerissen und dabei seinen Überwurf verloren – sodass er nackt in die Stadt zurückkehren musste. Andere wiederum sind der Ansicht, es handelt sich bei der Malerei um eine Darstellung der biblischen Geschichte, nach der Abraham zum Beweis seiner Gottesfürchtigkeit seinen Sohn Isaak opfern will.

Was hat der weiße Pfeil auf dem Gemäuer zu bedeuten?

Wie dem auch sei: Die religiösen Malereien überhaupt sichtbar zu machen, war eine Heidenarbeit. „Acht bis zwölf Schmutz- und Kalkschichten mussten mit dem Skalpell Stück für Stück abgetragen werden", weiß Georg Skalecki. „Aber so konnten – bis auf einen kleinen

Teil – alle Farben original erhalten werden." Die Entstehung des Bildes fällt vermutlich in die Zeit, in der Bremen kurz vor der Reformation stand. Die Bruderschaft „To allen Christen Seelen" hat den Raum von 1468 bis etwa 1525 als Kapelle genutzt. Die Vereinigung wurde auch Arme-Seelen-Bruderschaft genannt, weil sie unter anderem Essen an die Armen verteilte.

Der Keller allerdings muss schon weit vorher bestanden haben. „Früher, im Jahre 1020, ließ Erzbischof Unwan eine Kapelle an dieser Stelle errichten", sagt Skalecki. Eine einfache Kirche aus Holz, direkt vor den Schutzmauern, die den Dom umgaben. „Die Kirche erhielt Pfarrrechte, und heute geht man davon aus, dass es die erste Pfarrkirche Bremens war." Um 1100 herum wurde ein Steinturm angebaut, der zum Haupteingang der sogenannten St.-Veit-Kirche wurde. „Noch bis heute ist das Gemäuer als Südturm erhalten." Nur: Einen Hinweis für einen Keller sucht man in dieser Zeit vergebens.

Den findet man etwas später in der Geschichte, und zwar zwischen Anfang und Mitte des 12. Jahrhunderts: Da erhielt die Nordseite der St.-Veit-Kirche – die mittlerweile auch als Marktkirche bezeichnet wurde, weil sie inmitten der Händler lag – eine Karnerkapelle. Mit ihr legte man auch einen Beinkeller an, schließlich dienten Karnerkapellen in erster Linie der Bestattung von Gebeinen. Um für die Prozession von außen zugänglich zu sein, führten wohl zwei Treppen hinunter. „Das wäre eine Erklärung für die beiden zugemauerten Türrahmen in der West- und der Ostwand", meint Skalecki. Dahinter sollen sich ausgetretene Treppenstufen befinden.

Die Malerei an der Wand ist vermutlich mehrere Jahrhunderte alt und wurde aufwändig freigelegt.

Als Erzbischof Hartwig (1148-1168) im Jahr 1160 den Neubau der Kirche als romanische Basilika veranlasst, riss man die Karnerkapelle ab und überbaute den ursprünglichen Beinkeller. Das Gotteshaus erhielt da bereits seinen heutigen Namen und wurde folglich Maria Unser Lieben Frauen geweiht.

Immer wieder kommt es in den darauffolgenden Jahrhunderten zu Umgestaltungen – die heute noch an vielen Stellen im Gebäude zu erkennen sind. Und auch inhaltlich stellt sich die einst katholische Kirche neu auf. Nach der Reformation durch Martin Luther wurde der holländische Pfarrer Jacobus Probst (1495-1562) der erste protestantische Pastor der Hansestadt.

Aber Hinweise auf den Keller, in dem Georg Skalecki jetzt steht, findet man eine ganze Weile nicht mehr. Bis im April 1725 etwas Ungewöhnliches passierte: „In den Unterlagen ist vermerkt, dass ein Emanuel Friedrich von Kötzschau im Keller der Kirche einen Raum zur Anlage einer Gruft kaufte. Er musste allerdings nicht nur dafür Geld auf den Tisch legen, sondern auch für die Eröffnung des Gewölbes. Das legt nahe, dass es sich um den überbauten Beinkeller der alten Kapelle handeln muss, da diese ja keinen Eingang mehr hatte." Nur auf die Frage, warum Kötzschau, der seines Zeichens Hof- und Verwaltungsbeamter in dänischen Diensten war und gebürtig vom anhaltischen Geheimrat Hans Bernhard von Kötzschau abstammte, ausgerechnet in Bremen eine Gruft anlegen wollte, gibt es bis heute keine genaue Antwort. Nach allem, was die Recherchen hergeben, ist er selbst nie in Bremen gewesen und hatte auch keine verwandtschaftlichen Bezüge zu der Stadt. Dennoch lässt er hier seine kurz zuvor verstorbene Ehefrau bestatten. Das aufwändig gearbeitete spätbarocke Grabportal von Kötzschau ist heute noch in dem Beinkeller zu sehen: Es steht im hinteren Teil des Raums hinter der dicken Säule.

1890/91 wurde der einstige Beinkeller in einen Heizungs- und Kohlenkeller umfunktioniert. „Das sieht man noch heute", sagt Skalecki und deutet auf eine Aushöhlung links vom Eingang, unter der die Wand deutlich dunkler ist. „Wahrscheinlich haben sie durch die Öffnung die Kohlen ins Untergeschoss geschüttet."

Die neue Nutzung hielt sich knapp 50 Jahre – doch dann, in den Hochzeiten des Zweiten Weltkrieges, nutzte die Luft- und Brandschutzwache den Keller als Schutzraum. „Und genau darauf weist der weiße Pfeil an der Außenwand des Nordschiffes hin", erklärt Skalecki.

Dann hätten wir dieses Geheimnis ja schon einmal gelüftet. Aber wie kam der Luftschutzkeller zu seiner heutigen Nutzung? „Von 1960 bis 1985 verwendete die Bremer Bürgerpark-Tombola den Keller als Lagerraum", hat der Denkmalpfleger herausgefunden. Zugang gab es über die Sakristei. Als der Beinkeller 1985 restauriert wurde, entdeckte man unter mehreren Lagen Gebeinen sogar noch Knochen von Toten, die vermutlich aus den Entstehungsjahren der ersten Kapitelle stammten, und brachte sie auf den Osterholzer. Der Beinkeller selbst erhielt 1992 einen neuen Zugang – und zwar den, über den man auch heute in das Untergeschoss gelangen kann. Es war nach 900 Jahren das erste Mal, dass man wieder über den Kirchenraum in den Keller gehen konnte.

„Das unterirdische Gewölbe dient nun als Andachtsraum", erklärt Skalecki. Stühle stehen im Kreis, Teppiche sind ausgelegt. Ist es im oberen Stockwerk, wo die Touristen in die Gemeinde strömen, relativ laut, hört man hier unten – nichts. „Ein ganz besonderer Ort", findet der Denkmalpfleger, der sich wundert, dass nur so wenige davon wissen.

Apropos wissen: Eine Frage kann Georg Skalecki noch beantworten, warum mitten im Raum noch diese alte Säule zu sehen ist. Sie ist das Fundament des exakt darüber liegenden Pfeilers oben in der Kirche. Es bleibt aber das Rätsel um das Wandbild und die Jahre, in denen der Beinkeller nicht erwähnt wird. „Es gibt hier auf jeden Fall noch viel zu entdecken." Und außerdem kann man sich hier unten, in der andachtsvollen Stille, wunderbar selbst finden.

Tobias Meyer

So geht's zum weißen Pfeil:

Der weiße Pfeil befindet sich auf der nördlichen Fassade der Liebfrauenkirche. Um zum Beinkeller zu gelangen, die Liebfrauenkirche durch den Haupteingang betreten und dann links halten. Der Wand folgen, bis es rechts herum geht. Dann direkt auf die Treppen zusteuern, die nach unten in die Kapelle führen.

Andreas Calic präsentiert die merkwürdigen Schlitze am Treppenabgang.

Schlitze
Als die Fluten durch Bremen strömten

Was ist denn das? Wenn man von der Weser aus gleich an der Wilhelm-Kaisen-Brücke die etwa drei Meter hohe Treppe in Richtung Schnoor nimmt, kann man an deren oberen Ende rechts und links dicke Schlitze entdecken. Sie sind ganz und gar unauffällig, und doch hatten sie früher eine große Bedeutung: „Hier hat man Holzbretter hineingesteckt, wenn das Wasser so hoch kam, dass man die Stadt schützen musste", erklärt Stadtführer Andreas Calic. So weit oben? Wenn man die Treppe erklommen hat, hat man die Weser bereits weit hinter oder vielleicht besser: tief unter sich gelassen. „So weit oben", bestätigt der Stadtführer, der sich bestens in der Geschichte der Stadt auskennt und ständig unterwegs ist, um spannende Relikte aus der Vergangenheit zu suchen.

Wie hoch das Wasser der Weser steigen konnte – nämlich fast 5,5 Meter, davon zeugen auch die Hochwassermarken weiter südöstlich am Ufer, und selbst im Schnoor sind sie zu finden. Daran wird deutlich: Das Wasser der Weser drang nicht nur bis zur obersten Treppenstufe, sondern erreichte sogar auch entferntere Stadtgebiete. „Das mit Abstand dramatischste Hochwasser suchte Bremen im Februar/März 1881 heim", erzählt Andreas Calic. „Da war die ganze Stadt überflutet, und daher stammen auch die Hochwassermarken im Schnoor. Das muss man sich mal vorstellen! Bis dorthin ist das Wasser geflossen." Durch starkes Tauwetter führte die Weser damals unvorstellbare Wassermassen. Am Pegel Intschede maß man einen Durchfluss von 4.200 Kubikmetern pro Sekunde. „Das ist der höchste Weserdurchfluss, den man je erfasst hat. Der Wahrscheinlichkeit nach tritt dieser nur alle 600 Jahre auf", stellt Andreas Calic fest. Diesen Wassermassen konnten auch die Deiche nicht mehr standhalten: Am 19. Februar 1881 brach der linke Deich bei Thedinghausen, und die Ochtum-Deiche wurden zu großen Teilen überschwemmt. Stuhr, Huchting und das Niedervieland wurden vollkommen überflutet. Als am 13. März weitere Deichabschnitte am linken Weserufer nachgaben, kam noch mehr Wasser in die Stadt. In Bremen wurden die Deiche rechts der Weser überschwemmt.

Die Schlitze hatten früher eine wichtige Funktion.

„Das Wasser floss in die Innenstadt und in den Bürgerpark", schildert der Historiker und Kulturwissenschaftler die Ereignisse. Das Ereignis traf die Stadt auch deshalb so hart, weil das jüngste Hochwasser vom Dezember 1880 noch nicht abgeflossen war. Auch bei dieser Flutkatastrophe, bei der bereits ein Deich gebrochen war, floss das Wasser bis in den heutigen Bürgerpark.

Tauwetter nach langen, kalten Wintern, wenn sich viel Schnee und Eis angesammelt hat, stellt für Bremen eine Hochwassergefahr dar. Ist der Boden dann noch nicht weit genug aufgetaut, um das Wasser aufnehmen zu können, schwellen die Pegel der Flüsse an. Hinzu kommen die Sturmfluten der Nordsee, bei denen Orkanstürme Meerwasser in die Weser treiben, das nicht abfließen kann und aufgestaut wird. Erst trifft es Bremerhaven, etwa drei Stunden später kommt die Flutwelle dann meist auch in Bremen an. Zu einer besonders schlimmen Sturmflut kam es am 13. März 1906. Damals staute sich die Weser auf 4,91 Meter über Normalnull auf. 40 Jahre später, als sich in den Trümmern der vom Krieg gebeutelten Stadt 1946 gerade wieder erstes Leben regte, suchte erneut eine Sturmflut die Stadt heim. Zwei Menschen starben. Und auch die große Sturmflut von Februar 1962 machte vor Bremens Toren nicht Halt. Nur wenige Stunden dauerte es, bis 50 Quadratkilometer überschwemmt waren, sieben Menschen kamen ums Leben.

„Das mit Abstand dramatischste Hochwasser suchte Bremen im Februar/März 1881 heim."

Kein Wunder, dass die Menschen angesichts solcher Katastrophen immer wieder versuchten, sich vor Hochwasser zu schützen. Ab dem 13. oder 14. Jahrhundert wurden Siedlungen von Deichen umgeben, um die Bauten vor drohenden Hochwassern zu schützen, der erste bremische Deichverband gründete sich 1433. Und mancherorts schlug man eben auch tiefe Kerben in die Mauer, um sich mit Holzplatten gegen die Fluten zu schützen. Durchaus mit Erfolg, wie Andreas Calic weiß.

Eva-Maria Bast

So geht's zu den Schlitzen:

Sie befinden sich unweit der St.-Martini-Kirche am oberen Ende der Treppe, die das Ufer mit der Schlachte verbindet. Einige Hundert Meter weiter in Richtung Südosten befinden sich mehrere Hochwassermarken in der Mauer unterhalb der Wilhelm-Kaisen-Brücke am Weserufer. Eine weitere Hochwassermarke kann man am Concordenhaus im Schnoor sowie in der Schweizer Straße im Steintor entdecken.

Oktogon
Was vom Wasserturm geblieben ist

Der Wasserturm von Bremen? Na klar, das ist doch das Gebäude auf dem Stadtwerder am südlichen Weserufer! Die Umgedrehte Kommode. Das kastenförmige Bauwerk, das Bäume und Neubauten rundherum mit seinen vier Türmen überragt und so auch wunderbar vom Osterdeich aus zu sehen ist. Das mit seiner Errichtung aus 10.000 Kubikmetern Holz und Steinen 1873 das erste zentrale Wasserwerk der Stadt war, deren Bürger zuvor freimütig aus der Weser und den öffentlichen Brunnen schöpften. Und das dann 110 Jahre später außer Betrieb gestellt wurde, nachdem es nur noch dazu diente, die Brauerei Beck & Co. mit Wasser zu versorgen. Nun, das alles ist richtig, aber: Die Umgedrehte Kommode war nicht Bremens einziger Wasserturm. Und der größte schon gar nicht.

Denn Europas zeitweise höchster Wasserturm stand in Walle. Ein echtes Wahrzeichen des Stadtteils im Bremer Westen, 65 Meter hoch, mit einem massiven Betonsockel, einem Stahlgerüst und einem spitz zulaufenden Dach. 1905 wurde es errichtet, an der Breslauer Straße war das, die mittlerweile Karl-Peters-Straße heißt. „Der Wasserturm konnte 3000 Kubikmeter Wasser fassen", sagt Cecilie Eckler- von Gleich, Geschäftsführerin des Kulturhaus Walle Brodelpott. Seit Jahrzehnten arbeitet sie unter anderem die Geschichte des Stadtteils auf und ist dabei selbstverständlich auch auf das markante Gebäude gestoßen. Wobei davon heute nicht mehr viel zu sehen ist. „In der Bombennacht vom 18. auf den 19. August 1944 wurde das imposante Bauwerk schwer beschädigt", bedauert Eckler- von Gleich. Die Stadtwerke wollten den Turm zwar nach dem Krieg wieder herrichten. „Aber dann stellte sich heraus, dass die Kosten dafür viel zu hoch sein würden – also wurde der Turm 1958 abgebrochen."

Und mit ihm ein Stück Stadtteilgeschichte, denn der Wasserspeicher wurde nicht nur für die Trinkwasserversorgung genutzt. „In den

Cecilie Eckler- von Gleich vor dem Überbleibsel des einstmals größten Wasserturms Europas. Sie hält ein Bild des Bauwerks in der Hand, das zeigt, wie es in seinen besten Zeiten aussah.

1920er-Jahren standen oben auf dem Turm die Bläser. Jeden Sonntag haben sie gespielt, um zum Gottesdienst einzuladen." Und später, in den 1950er-Jahren, fanden Radrennen um den Wasserturm statt. Eine Tradition, die die Waller Geschäftsleute zwischenzeitlich versucht hatten wiederzubeleben. „Natürlich sind damit viele Erinnerungen verknüpft."

Das alte Verwaltungsgebäude des Wasserturms steht immer noch in der Karl-Peters-Straße. Und direkt daneben, man erkennt es noch: das Fundament des einst größten Wasserturms Europas. Eine graue Ruine mit vielen Ecken, ein Oktogon, um genau zu sein. Es steht nicht unter Denkmalschutz, blieb aber lange Zeit – wenig beachtet – erhalten. Um den Turm herum entstanden in den vergangenen Jahren Wohneinheiten für Senioren. Und jetzt soll auch der Sockel bebaut werden: Die Bremer Heimstiftung integriert den alten Betonsockel in einen achtgeschossigen Wohnturm von 22 Metern Höhe mit insgesamt 42 Wohnungen. Wenn er fertiggestellt ist, wird nur noch die Form des Erdgeschosses an den alten Wasserturm erinnern. Die Menschen werden, wenn sie davor stehen und hinaufblicken, nur eine kleine Ahnung haben, wie groß der einst drei Mal so hohe Bau gewesen sein muss. Und wie es geklungen haben mag, als die Bläser von dort oben ihre Lieder posaunten.

„Der Wasserturm konnte 3000 Kubikmeter Wasser fassen."

Tobias Meyer

So geht's zum Oktogon:

Der Sockel des alten Wasserturms steht direkt am Rand der Karl-Peters-Straße.

Ottmar Hinz weiß, woher das Neanderhaus seinen Namen hat.

Neanderhaus
Lobet den Herrn

15

Neandertaler? Wer diesen Begriff hört, hat wohl ein Bild von urzeitlichen Menschen mit struppigen Haaren, Fellen und Steinwerkzeugen im Kopf. Was aber hat der Neandertaler mit Bremen zu tun? Zumindest so viel, dass es in direktem Anbau zur St.-Martini-Kirche ein Neanderhaus gibt. „Viele vermuten, dass hier Knochen von Neandertalern gefunden wurden. Oder dass Neandertaler im Kirchenvorstand sitzen, dieser also etwas angestaubt sei", scherzt Ottmar Hinz, Referent für Erwachsenenbildung bei der Evangelischen Kirche. „Aber die Geschichte geht ganz anders."

59

Der Neandertaler, von dem hier die Rede ist, ist ein Bremer, der im 17. Jahrhundert lebte, der also die Welt wesentlich später bevölkerte als die vor 30.000 Jahren ausgestorbenen Neandertaler. Und trotzdem wurden die Neandertaler nach ihm benannt. Wie das geht? „Diese Geschichte muss ich der Reihe nach erzählen", sagt Ottmar Hinz. „Hier in Bremen lebte Familie Neumann, die sich der damaligen Mode der Gräzisierung folgend einen griechischen Namen gab: Neander. Dieser Pastorenfamilie entsprang ein Sohn namens Joachim." Damit wäre das Rätsel, was ein Neander mit Bremen zu tun hat, gelöst. Aber die Geschichte geht noch weiter: Pastorensohn Joachim Neander (1650-1680) nahm an einer kirchlichen Lateinschule in Düsseldorf eine Stelle als Rektor an. „Und dort führte er etwas ein, was ihm bei den Kirchenoberen in Düsseldorf großes Misstrauen einbrachte: Er veranstaltete mit den Kirchenmitgliedern Andachten unter freiem Himmel. Unter anderem in einem schönen Tal, durch das das Flüsschen Düssel fließt. Dort hat er mit seiner Gemeinde gesungen und gebetet, was bei den Gläubigen gut ankam, er hatte ausgesprochen viele Anhänger", berichtet Ottmar Hinz. Die Düsseldorfer Kirchenvorstände hätten diese Art des Gottesdienstes jedoch nicht gern gesehen. „Deshalb musste Joachim Düsseldorf bald wieder verlassen. Er kehrte mit 29 Jahren in seine Heimatstadt Bremen zurück und trat eine Stelle als Frühprediger an", erzählt Ottmar Hinz. „Er musste also die frühen Gottesdienste für die Gläubigen, die sehr zeitig mit der Arbeit begannen, abhalten." Lange kam Joachim Neander diesem Dienst aber nicht nach: „Er war hier nur ein Jahr lang tätig, dann starb er." Todesursache könnte die Pest gewesen sein.

Obwohl Joachim Neander nur ein Jahr in Bremen wirkte, ist also ein Haus nach ihm benannt? „Das Besondere ist, dass in seinem Todesjahr ein kleines Liederbuch mit den Liedern herausgegeben wurde, die er mit seiner Düsseldorfer Gemeinde im Freien gesungen hatte. In

Die Inschrift erinnert an den Namensgeber des Hauses.

diesem Buch wurde zum Beispiel der Choral „Lobe den Herren" zum ersten Mal veröffentlicht. „Das ist das bekannteste Kirchenlied der Geschichte und in fast alle Sprachen der Welt übersetzt", hebt Hinz die Bedeutung hervor. Schmunzelnd fügt er hinzu: „Dieses Lied ist der erfolgreichste Bremer Exportartikel – noch vor Beck's Bier." Wäre das Lied kein kirchliches und hätte man sich damals schon des heutigen Vokabulars bedient, hätte man „Lobe den Herren" wohl als Hit bezeichnet. Bleibt man in diesem Bild, wurde Joachim Neander also posthum ein Star. „Und auch die Düsseldorfer wollten an ihn erinnern – und daran, dass er mit ihnen im Freien gesungen hatte. Deshalb benannten sie das Tal in Neandertal um."

176 Jahre nach dem Tod des Joachim Neander wurden in der Gegend Gebeine eines urzeitlichen Menschen gefunden. Da man sie in dem Tal entdeckte, das nach Joachim Neander benannt worden war, bekam das Skelett den Namen *Homo neanderthalensis*. „So entstand der Name Neandertaler. Im Grunde genommen dank ‚Lobet den Herren'", sagt Hinz zufrieden. „Schön, nicht?"

Eva-Maria Bast

> *„Das ist das bekannteste Kirchenlied der Geschichte und in fast alle Sprachen der Welt übersetzt. Dieses Lied ist der erfolgreichste Bremer Exportartikel, noch vor Beck's Bier."*

So geht's zum Neanderhaus:

Es ist rückseitig an die St.-Martini-Kirche angebaut. Die Adresse ist Martinistraße 6.

Prost: Dieses Straßeneck hat es in sich! Hier stolperten einst Betrunkene aus einer Kneipe. Außerdem hat Friedrich Ebert an diesem Eck, genau dort, wo Bürgermeister Carsten Sieling steht, seine SPD-Karriere gestartet.

Straßeneck
Bier und Politik mit Friedrich Ebert

Anfang des 20. Jahrhunderts gab es einen Ort in Bremen, der hieß „Zur Guten Hilfe". Hierhin, an die Ecke Brautstraße/Westerstraße, kamen diejenigen, die einen Rat suchten. Arbeiter vor allem, die etwa von Existenzängsten und schlechten Arbeitsbedingungen geplagt wurden und die ihrem Ärger Luft machen mussten. Sie taten das bevorzugt an einem Tresen und bei einem kühlen Bier, denn: Die „Gute Hilfe" war eine Kneipe. Und ihr Wirt, der immer ein offenes Ohr für die Probleme seiner Gäste hatte, hieß Friedrich Ebert (1871-1925).

Im Mai 1891 fand der gelernte Sattler in Bremen seine Heimat, nachdem er drei Jahre durch die Republik gezogen war und Arbeiter dazu ermutigt hatte, sich in Gewerkschaften und Fachvereinen zu organisieren. Ebert war mittlerweile Mitglied der Sozialistischen

Arbeiterpartei Deutschland, hatte viel Wissen angehäuft über die sozialistische und gewerkschaftliche Bewegung. So hatte er keine Mühe, eine Anstellung bei der sozialdemokratischen Bremer Bürger-Zeitung zu bekommen, verlor seinen Job aber – aus nicht weiter bekannten Gründen – schon ein Jahr später wieder.

„Zu dieser Zeit, 1894, stand ein Lokal leer", erzählt Bürgermeister Carsten Sieling, geht ein paar Schritte von der heutigen Häuserwand weg und zeigt auf den Radweg an der Ecke Brautstraße/Westerstraße. „Ungefähr hier sind die Gäste aus dem Lokal getorkelt, bevor die Gegend nach den Schäden des Zweiten Weltkriegs neu geplant wurde."

Ebert, der in der Neustadt wohnte, entschied sich, die Gastwirtschaft zu pachten. Hier trafen sie sich häufig, die Sozialdemokraten, Gewerkschafter, Arbeiter. „Die Kneipe war ein Treffpunkt, an dem sich Genossen lebhaft über Politik austauschten", sagt Sieling. So warb der angehende Politiker Ebert in der Bremer Bürger-Zeitung: „Fritz Eberts Restaurations- und Bierhalle, Braut- Ecke Westerstraße. Meinen oberen Saal halte ich den Genossen für Versammlungen und sonstige Zusammenkünfte bestens empfohlen." Noch im selben Jahr wurde Ebert Parteivorsitzender für die Bremer SPD. „Da bin ich gewissermaßen sein Nachfolger", betont Sieling, der, auch das passt, ebenfalls Stipendiat der Friedrich-Ebert-Stiftung war.

Die Kneipe erzielte gute Umsätze, sodass Ebert Louise Rump (1873-1955), eine Etikettenkleberin aus einer Tabakfabrik, die er 1893 bei einer Gewerkschaftsversammlung kennenlernte, heiraten konnte. Seine Frau war es dann auch, die die meiste Zeit hinter dem Tresen stand, während ihr Mann davor mit seinen Parteigenossen politische Programme erarbeitete und den Wahlkampf plante. Auch viele Arbeiter kamen gerne hierher – weil Ebert kostenlos soziale und rechtliche Beratung anbot. Sie erzählten von Ausbeutung im Job, von den Schwierigkeiten, ihre Familie durchzubringen. „Ebert hörte sich all diese Erfahrungsberichte an", so Sieling, „und merkte in dieser Zeit mehr und mehr, dass die Sozialpolitik das Gebiet ist, in dem er etwas bewegen will." Er war der Überzeugung, dass er sich politisch weiter hocharbeiten und Wahlen gewinnen müsse, um in eine Position zu gelangen, in der er Einfluss nehmen und die Probleme seiner Lokalgäste aktiv bekämpfen konnte.

Im Jahr 1900 wurde Ebert als Arbeitssekretär der Gewerkschaft eingestellt, was ihm keine Zeit mehr für seine Tätigkeit als Schankwirt ließ. „Er soll nicht besonders traurig darüber gewesen sein – für ihn war die Kneipe eher ein Mittel zum Zweck", meint Sieling. Der erste Reichspräsident der Weimarer Republik habe seine Zeit als Kneipenpächter sogar aus seinem offiziellen Lebenslauf herausgehalten. Auch weil sie seinen politischen Gegnern Angriffsfläche bot. So schrieb der spätere Diktator Adolf Hitler (1889-1945) etwa in seinem Buch „Mein Kampf": „Solange zum Beispiel die geschichtliche Erinnerung an Friedrich den Großen nicht erstorben ist, vermag Friedrich Ebert nur bedingtes Erstaunen hervorzurufen. Der Held von Sanssouci verhält sich zum ehemaligen Bremenser Kneipenwirt ungefähr wie die Sonne zum Mond; erst wenn die Strahlen der Sonne verlöschen, vermag der Mond zu glänzen."

Friedrich Eberts Bremer Jahre endeten 1905, nachdem er nach einem rasanten Aufstieg in der Bremer SPD wegen der wachsenden innerparteilichen Unstimmigkeiten zunehmend mit seiner Position unzufrieden war und schließlich als Parteisekretär in den Parteivorstand gewählt wurde. Er arbeitete sich weiter vor, bis man ihn schließlich – um es an dieser Stelle kurz zu fassen – am 11. Februar 1919 zum ersten Reichspräsidenten der Weimarer Republik ernannte. Seine alte Bremer Kneipe aber, die wurde irgendwann abgerissen. Der Schutt wurde zum Straßenbau genutzt. Wer also hierhin kommt, an die Ecke Brautstraße/Westerstraße, der steht wahrscheinlich auf den Überresten des Gebäudes, in dem Friedrich Ebert seine Karriere startete. Und wer die Augen schließt, hört vielleicht die hitzigen Diskussionen, riecht das frischgezapfte Bier, spürt den Geist der Veränderung, der hier um 1900 geherrscht haben muss.

Tobias Meyer

So geht's zum Straßeneck:

Das Straßeneck liegt dort, wo die Brautstraße und die Westerstraße aufeinandertreffen.

Diesem Papst steckt sein Papstkreuz im Allerwertesten.

Papstrelief
Geistlicher auf allen Vieren

17

Da gibt es nichts dran zu rütteln: Dieser Papst hat ein Kreuz in seinem Allerwertesten stecken. Anhand der doch durchaus sehr despektierlichen Darstellung lässt sich ein großes Stück Bremer Stadtgeschichte erzählen. Norma Holthusen hat sie recherchiert. „In Bremen war die Reformation sehr erfolgreich. Und genau das wird auf diesem Fries dargestellt."

Die Reformation begann in Bremen am 9. November 1522: Heinrich von Zütphen (1488-1524), Augustinermönch aus Antwerpen, war vor der dortigen Inquisition geflohen, kam auf seiner Flucht durch Bremen, predigte an eben jenem 9. November in St. Ansgarii und stieß bei den Bremern auf offene Ohren und Herzen. Heinrich von Zütphen blieb, und obwohl er die Stadt zwei Jahre später verließ (nur um kurz darauf seinen Gegnern in die Hände zu fallen und verbrannt zu werden), war die Reformation nicht mehr aufzuhalten: Jacob Probst (1486-1562), Prediger an Unser Lieben Frauen, und Johannes Timann (gest. 1557) an St.-Martini führten das reformatorische Gedankengut weiter; 1525 wurden an allen Stadtkirchen evangelische Prädikanten eingesetzt. Der Gottesdienst wurde auf Deutsch gehalten, man gründete Diakonien, um für Arme und Kranke zu sorgen.

In Bremen war es mit diesem ersten Teil der Reformation aber nicht getan: Mitte des 16. Jahrhunderts brachen Richtungsstreitigkeiten zwischen den Lutheranern und den Calvinisten aus, also innerhalb der evangelischen Konfessionen. Der reformierte Theologe Christoph Pezel (1539-1604) sollte schlichten, und „im Zuge seiner Schlichtungsbemühungen ab 1581 zwischen Calvinisten und Lutheranern vollzog sich die Hinwendung der Stadtgemeinden zum reformierten Bekenntnis", steht auf der Homepage der evangelischen Kirche Bremen zu lesen. „Im Geiste der evangelischen Konzentration auf die Auslegung der Bibel wurden Bilder und Schmuck aus den Kirchen entfernt." Der Bildersturm, der viele sakrale Schätze mit sich riss und verschwinden ließ (manche wurden an erstaunlichen Stellen wiedergefunden, siehe Geheimnis 01), machte auch vor Bremen nicht Halt.

Norma Holthusen kennt die Geschichte, die auf den Arkaden abgebildet ist.

So viel zum Hintergrund. Nun zurück zum Relief: „Es zeigt den Sieg der Demut über den Hochmut", erklärt Stadtführerin Norma Holthusen. „Der Papst soll den Hochmut darstellen, er befindet sich auf allen Vieren, die Demut steigt über ihn hinweg." Dass der Papst gezeigt wird, symbolisiere die Größe des Siegs, interpretiert

Holthusen. „Man hat den Papst als höchstes Organ der katholischen Kirche besiegt. Dass es sich um den Papst handelt, erkennt man an der Spitzkrone, die nur der Papst trägt, und an dem dreifachen Papstkreuz, das ihm im Mors, wie man in Bremen für Hintern sagt, steckt." Die über Seine Heiligkeit hinwegsteigende Demut hat ihm seinen Reichsapfel bereits entrissen und hält ihn in der Hand. Aus war's mit der kirchlichen Herrlichkeit!

„*In Bremen war die Reformation sehr erfolgreich. Und genau das wird auf dem Fries dargestellt.*"

Eva-Maria Bast

So geht's zum Papstrelief:

Es befindet sich am Rathaus oberhalb des fünften Arkadenbogens von rechts.

Die ehemalige Richtstätte ist einer der Lieblingsorte von Krimiautorin Liliane Skalecki – weil er so geheimnisvoll ist.

Eichen-Ensemble
Rechtsprechung Open-Air

Die gute alte deutsche Eiche! Sie gilt als Königin unter den Bäumen, als besonders standfest, als Symbol der Weisheit. In einigen Kulturen wird sie als heilig betrachtet, und manche bezeichnen sie auch als Gerichtsbaum. Kein Wunder also, dass die Menschen im Mittelalter ihre Gerichtsverhandlungen bevorzugt unter Eichen abhielten. Und nicht anders war es in Bremen.

Im Bremer Osten, in Oberneuland, standen vier dieser alten Eichen: Dort, wo an der Weide Auf dem Rüten einst die vier Pfarrbezirke Oberneuland, Rockwinkel, Lehe und Horn aufeinander trafen. In einem Rechteck, als hätte sie jemand bewusst so angeordnet, bildeten sie von Ende des 12. bis Ende des 17. Jahrhunderts den Richtstuhl für das sogenannte Gogericht. „Alle sechs Wochen wurde das Landgericht des Gos Hollerland einberufen", erzählt Krimi-Autorin Liliane

Skalecki. Es war für Grundstücksstreitigkeiten, Erbfragen und Kapitalverbrechen zuständig und tagte nach strengen Regeln: „Alle Mitglieder der Bauernschaft mussten zu den Gerichtstagen erscheinen. Kamen sie zu spät, wurden sie mit einer Geldstrafe belegt, und gleiches galt auch für die Anstiftung zum Streit und die Beleidigung anderer Teilnehmer vor Gericht." Sie nahmen auf Stühlen Platz und hörten sich an, was gesagt wurde. „Jeder konnte sein Anliegen loswerden", sagt Liliane Skalecki. Der Gograf, also der Richter, führte durch den Prozess, und ein Urteilsfinder sollte sich dazu eine Meinung bilden. „Meistens war dieser Urteilsfinder eines der älteren Gemeindemitglieder. Es beriet sich mit der anwesenden Bauernschaft und sprach dann das Urteil des Gogerichts." Weil man nie wusste, wie die Verhandlung ausgehen und ob nicht vielleicht bei der nächsten Zusammenkunft eine Anklage gegen einen selbst gestellt würde, bekam der Ort im Volksmund den Namen Uppe Angst. „Das ist Plattdeutsch und heißt Auf der Angst", erklärt Skalecki.

Aber wie kam es überhaupt zu dieser Form des Landgerichts? Erzbischof Friedrich I. von Bremen (um 1132-1184) war es, der die Idee hatte, Holländer nach Bremen zu locken und ihnen Land im sumpfigen Osten der Stadt zu überlassen. „Den Holländern eilte der Ruf voraus, dass sie besonders erfahren darin seien, Gebiete zu entwässern und bewohnbar zu machen", sagt Liliane Skalecki. Also wurden Siedler aus Utrecht eingeladen und ihnen als Anreiz unbewirtschaftete Felder überlassen. Kein unübliches Verfahren, erklärt die Autorin: „Man bezeichnet diese Vorgehensweise der planmäßigen Urbarmachung auch als Hollerkolonisation." Die Holländer kamen, und der Erzbischof gewährte den Zuwanderern 1181 einige Privilegien – so auch eine eigene Gerichtsbarkeit.

Der erste Gograf war Alardus von Bremen (1145-1219), der noch im gleichen Jahr seine Arbeit als Richter aufnahm. Berüchtigt für seine Ungerechtigkeit war jedoch der Gograf namens Doctor Schumacher: „Es war bekannt, dass er sich allzu gerne auf Bestechung einließ", so Liliane Skalecki. Der Gograf, auch Blutrichter genannt, jagte mit seinen Urteilen den Oberneulandern so viel Angst ein, dass sich nach seinem Tod eine Legende verbreitete. „Es wurde gemunkelt, dass Doctor Schumacher einmal im Jahr – in der Nacht auf den 1. September

– zum Richtstuhl zurückkehrt, und zwar mit seinem Kopf unter dem Arm, aus dem seine Augen blutrot hervorglühen."

Dabei ist unter den vier Eichen nie jemand gestorben. Wenn der Angeklagte zum Tode verurteilt wurde, fand die Hinrichtung an einem anderen Ort statt: im Dorf Walle, auf dem Galgenberg. Bremen errichtete die Todesstätte im 16. Jahrhundert zwischen der heutigen Theodorstraße und Schleswiger Straße. Wie der Name vermuten lässt, lag die Stelle höher als der Rest der Umgebung. Aus einem einfachen Grund: Jeder Bürger und Reisende sollte sogleich sehen, dass man sich an die Gesetze zu halten habe und andernfalls mit dem Leben bezahlen müsse.

Der Gedenkstein erinnert an das holländische Gogericht.

Manchmal, wenn ungewöhnlich viele Menschen innerhalb kurzer Zeit hingerichtet werden sollten, machten die Scharfrichter allerdings kurzen Prozess. So auch im Falle der Seemänner, die 1539 festgenommen wurden. Nun muss man wissen: Die Mannschaft gehörte zum streitlustigen Balthasar von Esens, einem Junker, der bis zu seinem Tod 1540 der Häuptling der ostfriesischen Herrlichkeiten Esens, Wittmund und Stedesdorf war. Mit seiner antiautoritären Haltung war er ein Rebell im wahrsten Sinne des Wortes. Seine Besitztümer erlangte er vor allem dadurch, dass er Warentransporte zu Wasser und zu Land überfiel. Am liebsten fügte er dabei der Stadt Bremen Schaden zu.

So war es am 24. September 1538: Wieder einmal hatte Balthasar seine Seemänner per Kaperbrief beauftragt, die Schiffe mit Ziel Bremen zu überfallen. Sie stürmten ein von Norwegen kommendes Schiff mit Stockfisch und ließen die Mannschaft ins Gefängnis werfen. Seine Männer griffen auch sechs Bremer Schiffe an, zwei weitere setzten sie mitten auf der Weser in Brand. Da reichte es Bremen, und die Stadt erwirkte 1539 beim Reichskammergericht, dass die von Balthasar geschickten Männer als das behandelt wurden, was sie waren: Seeräuber. Und gerade, als sie wieder einmal ein Schiff überfallen, die

Matrosen über Bord geworfen und die Güter auf ihr Boot verladen hatten, nahm man die Piraten festg. 81 Mann, dazu Kapitän und Befehlshaber, mussten vor Gericht und wurden zum Tode verurteilt.

Die Köpfe der Hingerichteten nagelte man an die Galgen in Walle. Sie hingen dort einige Jahre.

Von all diesem Schrecken ist heute nicht mehr viel geblieben. Der Galgenberg heißt jetzt Pulverberg, und Uppe Angst, naja, die heißt immer noch Uppe Angst, und zwar nicht mehr nur im Volksmund, sondern auch ganz amtlich im Straßenregister. In unmittelbarer Nähe liegen übrigens passenderweise die Straßen Richtepad (Richtpfad) und Devekamp (Diebesfeld).

Von den vier Eichen sind heute nur noch drei übrig. „Und auch das sind nicht mehr die originalen Bäume", bedauert Liliane Skalecki. „Die alten Bäume hat 1803 ein Unbekannter in einer Nacht- und Nebelaktion gefällt. Daraufhin ließ der damalige Bürgermeister Christian Abraham Heineken neue pflanzen – die stehen noch heute." Relativ dicht bei-einander, in einem Dreieck, eingekesselt von verschiedenen Straßen auf einer schmalen Grünfläche. In ihrer Mitte befindet sich seit 1955 ein Gedenkstein, auf dem in Plattdeutsch steht: An diesem Ort war die Richtstätte des holleründischen Gogerichts, das vor den Kirchen zu Horn und Oberneuland gehegt wurde. Mancher Bösewicht hat hier seinen Lohn bekommen. Benachbarte Fluren führten den Namen Diebeskamp, und der Volksmund nennt diesen Fleck Erde noch heute Uppe Angst.

Nur: Wirklich Angst haben braucht man hier mittlerweile nicht mehr – außer vor den Verkehrs-Rowdies, die ab und an um die enge Kurve rasen.

Tobias Meyer

....

So geht's zum Eichen-Ensemble:

Der Richtplatz liegt am Eingang zur Straße Uppe Angst in Oberneuland. Der Gedenkstein und die drei Eichen stehen auf einer Grünfläche unweit der Kreuzung zur Leher Heerstraße.

Katharina Rosen vor der einstigen Brauerei - mit einer St.-Pauli-Girl-Flasche, die ihr eine Freundin aus Amerika mitgebracht hat.

19

Theaterfassade
Brauerei, Bauwerke, Braut und Bräutigam

Was hat das Bier der Brauerei Beck mit den berühmten Bremer Häusern und dem Theater zu tun? Außer natürlich, dass sowohl bei Premierenfeiern als auch in dem einen oder anderen Bremer Wohnzimmer dem Hopfengetränk gern zugesprochen wird? Das verbindende Element – oder eher: der verbindende Mensch – zwischen all dem ist der Bremer Lüder Rutenberg (1816-1890).

Stadtführerin Katharina Rosen hat sich mit seiner Biografie beschäftigt, die in Bremen spielt – und eine Liebesgeschichte beinhaltet: Auf einer Reise nach Hamburg hat sich der Sohn des Bremer Baumeisters Diedrich Christian Rutenberg (1782-1861) in die schöne Mathilde Merker verliebt und um ihre Hand angehalten. „Doch als Bremer hat man es nicht leicht, wenn man eine Hamburger Tochter heiraten möchte", weist Katharina Rosen schmunzelnd auf die alte

Konkurrenz zwischen den beiden Städten hin. „Lüder Rutenberg ist natürlich vom Vater seiner Angebeteten wieder nach Hause geschickt worden." Dieserart abgewiesen, habe der unternehmerisch denkende Kaufmann alles darangesetzt, um so reich zu werden, dass ihm kein Hamburger Pfeffersack mehr die Tür weisen kann. Bremer hin oder her. Das mit dem Reichwerden klappte. Und wie!

Hier ein kurzer Abriss von Lüder Rutenbergs Leben: 1847 machte er sich als Baumeister selbstständig und entwickelte sein Bauunternehmen in den Folgejahren zu einem der größten Bremer überhaupt. Nun kommen die Wohnzimmer ins Spiel, wenn auch noch nicht das Bier: „Bremen wuchs in jener Zeit stark, es entstanden neue Wohnstraßen, für die er die typischen Bremer Reihenhäuser entwarf", erzählt Katharina Rosen.

Jetzt aber zum Bier – und das Theater folgt ihm auf dem Fuße: „Als zweites Standbein stieg Rutenberg 1853 ins Brauereigeschäft ein", berichtet sie. „Die Rückfassade des heutigen Theaters ist noch die originale Brauerei-Fassade von damals." Rutenberg nannte seine Brauerei St. Pauli-Brauerei – und was er anpackte, das gelang. So auch hier: „Unter seiner Führung hatte sich die St. Pauli-Brauerei bereits 1870 zur größten Brauerei Bremens entwickelt", sagt Katharina Rosen. „Und in dieser St. Pauli-Brauerei arbeitete ein Braumeister namens Heinrich Beck." Man ahnt es schon: Das war jener Beck, nach dem das heute so beliebte und berühmte Bremer Bier benannt ist. „Beck und Rutenberg kauften zusammen mehrere kleine Brauereien. Rutenberg war auch beteiligt, als Beck in der Neustadt die Kaiserbrauerei Beck & May, die spätere Brauerei Beck & Co., aufbaute", erzählt die Stadtführerin.

„Doch als Bremer hat man es nicht leicht, wenn man eine Hamburger Tochter heiraten möchte."

Und auch im Baubereich lief es gut, seit Rutenberg in den Jahren 1847 bis 1849 im Auftrag der Stadt die Kunsthalle errichtet hatte: „Das war sein erstes berühmtes Bauwerk", sagt Katharina Rosen. „Die Wohnhäuser folgten zwischen 1862 und 1910. Rutenberg hat auch die Mathildenstraße vollständig gestaltet und sie nach seiner Frau benannt." Denn letztendlich kriegte er sie doch: Dem großen Erfolg des Verehrers seiner Tochter konnte sich auch Mathildes Vater nicht

Einst Brauhaus, heute Theater: Hinter dieser Fassade wurde früher Bier hergestellt.

mehr widersetzen und erteilte dem jungen Glück seinen Segen. Für Mathilde baute Rutenberg 1861 eine hochherrschaftliche Residenz, die Villa Rutenberg, in der heute das Ortsamt Mitte untergebracht ist.

Zurück zum Bier: „Es wurde lange nur für den Export produziert. Erst nach dem Zweiten Weltkrieg wurde das Bier überhaupt in Deutschland verkauft", sagt Katharina Rosen. „In den USA kennt man es als St. Pauli Girl, die Brauerei wurde nach einem nahegelegenen Kloster benannt." Dank dem „feschen Madl" mit den schweren Bierkrügen in der Hand, welches das Etikett ziert, habe es für die Amerikaner alles, was ein deutsches Bier ausmache. „Es sieht irgendwie nach München aus, nach Oktoberfest, und St. Pauli klingt nach Hamburg und Reeperbahn", bringt es die Stadtführerin auf den Punkt. Was der zögerliche Brautvater wohl zu dieser Assoziation gesagt hätte?

Eva-Maria Bast

So geht's zur Theaterfassade:

Sie befindet sich in der Bleicherstr. 28 am Theater.

Früher bildeten sich auf dem Gröpelinger Fährweg lange Schlangen von Menschen, die zum anderen Ufer übersetzen wollten. Heute stehen sie vor allem für Konzerte an.

Fährweg
Vom Weserkahn zum Kochgeschirr

Schon immer waren kleine Boote zwischen Gröpelingen und Lankenau auf der Weser unterwegs. Bis Mitte des 18. Jahrhunderts etwa kamen Lankenauer regelmäßig ins gegenüberliegende Dorf Gröpelingen, das nur eine Fahrrinne von etwa 200 Meter Breite entfernt lag. „Die Lankenauer hatten damals noch keine Kirche", sagt Günter Reichert von der Geschichtswerkstatt Gröpelingen. Also paddelten sie mit ihren Booten von einem Ufer ans andere. „Vor allem an Sonntagen, zu Hochzeiten und zu Taufen herrschte reger Verkehr. Und zu Beerdigungen." Als 1750 im benachbarten Rablinghausen eine Kirche gebaut wurde, nahm der Bootsverkehr schnell ab.

Später dann wollten die Gröpelinger nach Lankenau kommen, weil es dort einen feinkörnigen Strand gab, an dem man gut baden konnte. Also wurde Anfang des 20. Jahrhundert der erste kleine Fährbetrieb gegründet. Durch den Krieg kam dieser allerdings zum Erliegen, wurde erst nach Kriegsende von einer Privatfirma wieder aufgebaut und 1957 durch das Fähramt übernommen. Und da beginnt die Geschichte des kleinen Fährschiffs mit dem Namen Gröpeln.

Am Gröpelinger Fährweg, dort, wo sich heutzutage an manchen Abenden lange Schlangen vor der Konzerthalle Pier 2 bilden, standen einst die Menschen für etwas ganz anderes an: eine Bootsfahrt. Als 1964 durch den Bau der Neustädter Containerhäfen das Baden kaum noch möglich war, nutzten überwiegend die Arbeiter der AG Weser die Fährverbindung. Die Werft zählte in den 1960er-Jahren bis zu 8000 Mitarbeiter und gehörte damit zu den größten Schiffsbauern der Weser-Ems-Region. „Viele Arbeiter aber wohnten nicht in Gröpelingen selbst, sondern auf der anderen Seite, in Woltmershausen", sagt Reichert. Die Gröpeln (Plattdeutsch für Gröpelingen) brachte die Menschen am Morgen zur Arbeit und am Abend wieder nach Hause. Bis das Schiff eines Tages als Zeichen internationaler Solidarität an Nicaragua verschenkt wurde – und einen abenteuerlichen Weg auf sich nahm.

Dass Günter Reichert diesen Weg nachzeichnen kann, ist einer seiner größten Rechercheerfolge – denn jahrzehntelang war kaum etwas über den Verbleib des alten Kahns bekannt. Der Naturwissenschaftler wusste, dass das Fährschiff 1982 im Auftrag des Bremer Deutschen Gewerkschaftsbundes und des Senats nach Nicaragua geschickt wurde. Es sollte die Inselgruppe Solentiname im südlichen Nicaragua See anlaufen und dort als Versorgungsschiff den Aufbau des Landes unterstützen. „Also wurde es Ende August 1982 von einem Frachtschiff vor Bluefields an der karibischen Küste auf Reede gesetzt,

Günter Reichert zeigt ein digitalisiertes altes Bild der Gröpeln. Er hat den Weg des ehemaligen Fährschiffs über Jahre hinweg recherchiert.

um eine einheimische Überführungsmannschaft mit an Bord zu nehmen." Anschließend sollte es 200 Kilometer den Fluss San Juan aufwärts schippern – vor dem Bau des Panama-Kanals die schnellste Route zwischen Pazifik und Karibik. Doch die Gröpeln kam nicht weit: „Auf halber Strecke war Schluss", so Reichert. „Der einheimische Flusslotse hatte wegen gefährlicher Untiefen von einer Weiterfahrt vor der nächsten Reise abgeraten." Und so machte es erst einmal vor der alten Festung El Castillo Halt, die die Spanier zum Schutz gegen die englischen Piraten 1672 errichtet hatten.

Schade war das auch für das deutsche Kamerateam, das die Reise der Gröpeln begleiten wollte. Ein paar Monate später, im Dezember 1981, reiste es mit einem Bergungsteam wieder an, um die Fahrt fortzusetzen. „Sie zogen das Schiff über die Stromschnellen – doch nur acht Kilometer weiter lief die Gröpeln auf eine Sandbank auf." Dort musste sie also zurückgelassen werden. Nun ja, das Kamerateam reiste wieder ab, und die Wachsoldaten der Regierung blieben vor Ort, um auf das ehemalige Fährschiff zu bewachen – bis sie am 3. Mai 1983 von Söldnertruppen des Ex-Sandinisten Edén Pastora mit Panzerfäusten und Granatwerfern bombardiert wurden. Sie flohen und ließen das Schiff stark beschädigt zurück.

Bis zur Mitte des 18. Jahrhunderts verkehrten an dieser Stelle der Weser kleine Boote – zum Beispiel, um die Toten von Lankenau zum Friedhof in Gröpelingen zu bringen.

Nun hätte man die Gröpeln abschreiben können. Aber das Filmteam – in anderer Besetzung – wollte ein drittes Mal nach Nicaragua reisen. Wäre es mal lieber zu Hause geblieben! Denn bei seiner Anreise wurde es von Söldnertruppen entdeckt, beschossen und anschließend nach Costa Rica entführt. „Die drei Deutschen wurden verletzt, die Journalistin verlor sogar ihr Auge." Nach langen Verhandlungen ließ man das Team frei. Die Aufnahmen, die während der drei Aufenthalte entstanden, fanden im Film „Die nackten Füße Nicaraguas" mit Texten von Günter Wallraff und Heidrun Lotz Verwendung.

Aber: Die Geschichte der Gröpeln ist hier noch nicht zu Ende. Zwei Bremer hatten sie einige Zeit später geborgen und gegenüber der Festung

El Castilo festgemacht. Durch die finanzielle Unterstützung von Medico International, der Stadt Bremen und des DGB Bremen (der übrigens 40.000 D-Mark für den Zweck sammelte), konnte das Schiff wieder flott gemacht werden. Und tatsächlich: Im Oktober 1988 legte es in San Carlos am südlichen Nicaragua-See an und wurde unter anderem als Evakuierungsschiff bei Wirbelstürmen eingesetzt.

In Bremen wusste man Jahre später nicht mehr, wo die Gröpeln abgeblieben war. Vier Monate lang recherchierte Reichert 2012 in nicuaragischen Zeitungen nach dem Begriff „El Groppel" – und fand heraus: „Das Schiff sollte im Auftrag der Regierung von einer Werft repariert und umgebaut werden. Doch aufgrund von Regierungswechsel, Streitigkeiten und diversen Besitzansprüchen kümmerte sich jahrelang keiner um das Schiff. 20 Jahre später wurde es an den Werftbesitzer verkauft, der es verschrotten ließ." Ein Zeichen der Solidarität, einfach vernichtet! „Das fanden auch die Journalisten nicht gut", meint Reichert. „Und als der Werftbesitzer kritisch mit Nachfragen konfrontiert wurde, sagte er: Er habe das Altmetall zur Herstellung von Kochtöpfen weitergegeben." Die eigentliche Aufgabe der Gröpeln hätten hingegen zwei gespendete Schiffe aus Schweden übernommen.

Und so kommt es, dass Reichert an Nicaragua denken muss, wenn er am Gröpelinger Fährweg steht. Der Anleger liegt nun zwar ein paar Schritte versetzt, aber vor seinem geistigen Auge sieht er es noch genau: Wie die Menschen auf das Schiff strömen, einer nach dem anderen, und dann zur anderen Seite übersetzen. Das passiert auch heute noch, wenn auch in anderen Dimensionen: Die Pusdorp, übrigens der Nachfolger der Gröpeln, verkehrt als Weserfähre wieder an ausgewählten Tagen von dem neuen Anleger zwischen Pier2/Waterfront, Molenturm/Überseestadt und Lankenauer Höft.

Tobias Meyer

So geht's zum Fährweg:

Der Gröpelinger Fährweg liegt direkt neben dem Pier 2, auf der Seite zum Einkaufscenter Waterfront.

Braumeister Palle Jensen kommt beinahe täglich an dem Spruch vorbei.

21

Brauerspruch
„…daß keiner in die Weser kacket!"

„Heute back' ich, morgen brau' ich…", singt Rumpelstilzchen im Märchen der Gebrüder Grimm. Das kommt nicht von ungefähr, denn bereits im frühen Mittelalter gehörte das Bierbrauen zum Küchenalltag wie das Backen: So fanden Back- und Brautag aufeinander folgend an derselben Feuerstelle statt. Aus praktischen Gründen, denn durch die Herstellung des Brotes waren freigesetzte Hefen in der Luft, die dann beim Brauen den Gärungsprozess unterstützten. Das war vielerorts so und erst recht in Bremen, der Stadt, die im Verbund der Hanse Unmengen an Bier verschiffte und deshalb als älteste Bierhandelsstadt Deutschlands gilt: Von hier aus ging der Gerstensaft im 13. Jahrhundert unter anderem nach Skandinavien, Holland, Belgien und England.

Wie das Bremer Bier wohl im Mittelalter geschmeckt hat? „Wahrscheinlich mal so, mal so,", schmunzelt Braumeister Palle Jensen. „Denn

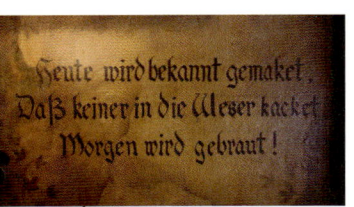

Diesen Spruch sollten sich die Bremer im Mittelalter lieber zu Herzen nehmen, wenn sie ein gutes Bier trinken wollten.

das Wasser für die Herstellung des damals ausschließlich obergärig gebrauten Gerstensafts wurde einst der Weser entnommen." Wie das Bier mundete, hing also von der Qualität der Hauptzutat ab. Und die schwankte – vor allem aus einem Grund, sagt Jensen: „Der Fluss war nicht nur Wasserlieferant, sondern auch Entsorgungsort für die Hinterlassenschaften der Bremer." Weil es längst noch keine Toiletten, geschweige denn Abwasserkanäle gab, setzten sich die Menschen auf den sprichwörtlichen Donnerbalken mit einem Loch in der Mitte oder hockten sich direkt über einen Eimer. War dieser voll, schleppten sie ihn – na, wohin wohl? Genau, zur Weser. Kippten die ganze Schiete hinein und ließen sie davon treiben.

Wohnen an der Weser war deshalb – anders als heutzutage, wo die Quadratmeterpreise direkt am Ufer zu den höchsten gehören – vor allem wegen des fürchterlichen Gestanks eine lästige Angelegenheit. Andererseits hatten es Anwohner teilweise auch etwas komfortabler: Da ihre Häuser am Wasser standen, bauten sie sich kurzerhand Abtrittserker und konnten ihre Notdurft aus luftiger Höhe in den Fluss plumpsen lassen.

„Natürlich gab es noch längst kein vernünftiges Reinigungssystem, das das fäkalienverseuchte Wasser aufbereitete", erklärt Jensen. „Alles, was die Bremer hatten, war ein Holzrad auf Höhe der St.-Martini-Kirche an der Schlachte, mit dem Wasser zum Waschen und Trinken geschöpft werden konnte." Nicht nur Privatleute hatten mit diesen unhygienischen Bedingungen zu kämpfen, die nicht selten Krankheiten wie Cholera verbreiteten. „Auch die Brauer wollten so reines Wasser wie nur möglich." Deswegen ließen sie im Mittelalter öffentlich verkünden, wenn sie das nächste Mal wieder Bier herstellen wollten.

Eine Erinnerung an diese Warnung lässt sich auch heute noch im Stadtbild finden: An Palle Jensens Arbeitsplatz, der Gastronomie Schüttinger. Diese liegt nur wenige Schritte vom Marktplatz entfernt und ließ mit ihrer Gründung 1990 die Erinnerung an die im Mittelalter populäre Gasthausbrauereien wieder aufblühen. Direkt im Gastraum stehen zwei Kupferkessel, in denen eigenes Bier gebraut wird. Und draußen, neben dem Eingang, finden sich die Worte, die auch die Brauer aus dem 18. Jahrhundert nutzten: *Heute wird bekannt gemaket, daß keiner in die Weser kacket. Morgen wird gebraut!* „Damit sollte verhindert werden, dass ausgerechnet am Brautag die Menschen mit ihren vollen Eimern zur Weser gingen und sich dort ihrer Geschäfte entledigten", erklärt Jensen.

Mitte des 19. Jahrhunderts sah sich die Stadt gezwungen, die Entsorgung zu organisieren. Also berief sie den findigen Geschäftsmann Heinrich Alfes (1821-1907) zum ersten Generalunternehmer für Stadtreinigung und Müllabfuhr. Alfes organisierte Pferde, Gespanne, Kutschen und Hilfsarbeiter und fuhr dann mit ihnen durch die Straßen, um die Eimer einzusammeln. Dafür wurde sogar ein Bremer „Unrath-Eimer" eingeführt: Ein offener Holzbottich, in dem die Bremer nicht nur ihre Notdurft sammelten, sondern beispielsweise auch das, was sie vor ihrem Haus zusammenkehren mussten (was wiederum zu einem Großteil Pferdekot war). Anstatt die Eimer in den Fluss zu kippen, fuhr Schieten-Alfes, wie ihn alle nannten, damit nach Arsten. Dort hatte er eine Anlage aufgestellt, mit der er die gesammelte – pardon – Scheiße zu Düngemitteln weiterverarbeitete. Doch den Bewohnern stank der Betrieb gewaltig, sodass sie gegen Alfes klagten und dieser seine Firma dichtmachen musste.

„Der Fluss war nicht nur Wasserlieferant, sondern auch Entsorgungsort für die Hinterlassenschaften der Bremer."

Für Schieten-Alfes war das nicht schlimm: Er hatte aus dem Geschäft mit dem Geschäft schon eine Menge Geld gemacht. Und bei den Brauern hatte er ohnehin etwas gut, weil durch seinen Einsatz die Weser ein kleines bisschen sauberer war.

Tobias Meyer

So geht's zum Brauerspruch:

Die Gasthausbrauerei befindet sich hinter dem Schütting 12-13.

Skulptur
Der umständliche Weg des Jakobus

In Bremen ist vieles anders. Da besuchen nicht nur Pilger auf ihrem Weg nach Santiago de Compostela eine Jakobusfigur, um sich segnen zu lassen, nein, der steinerne Schutzheilige der Pilger höchstselbst stand in den vergangenen Jahrzehnten mitnichten einfach nur auf seinem Sockel und ließ sich von Wanderern besuchen – er hat selbst eine lange Wanderschaft hinter sich. Und zwar eine ausgesprochen mühselige.

Pilgerpastor Henner Flügger kennt die Geschichte dieser kleinen Steinfigur, die nun im Bibelgarten des Doms endlich an ihrem Ziel angekommen ist. „Das ist Jakobus der Ältere, der hier gezeigt wird, also Jakobus Major. So genannt, um ihn von einem weiteren Jünger Jesu zu unterscheiden: dem Jakobus Minor", stellt er vor. „Nun waren die Bremer nicht unbedingt des Lateinischen mächtig, und so ist aus dem Jakobus Major im Volksmund der Jux-Major geworden." Die Figur im Bibelgarten erinnert an den biblischen Jakobus, der Spanien die Botschaft von Jesus gebracht haben und in Santiago de Compostela beigesetzt worden sein soll." Im 10. und 11. Jahrhundert ist daraufhin eine Pilgerbewegung entstanden, die bis heute anhält. „Reisen nach dem Motto: Der Weg ist das Ziel, das war etwas völlig Neues. Insofern bedeutete die Pilgerbewegung den Auftakt einer bis dahin nicht gekannten Form des Tourismus im westlichen Europa der damaligen Zeit."

Auf diesem Pilgerweg ist Bremen aus zwei Gründen eine besondere Bedeutung zugekommen. Zum einen, weil die Stadt auf der Via Baltica liegt, der Hauptader der norddeutschen Route der Jakobspilger. Zum anderen, weil sich damals im Dom in einem kostbaren Schrein die Reliquien der Erzheiligen Kosmas und Damian befanden. Nachdem der Bremer Dom durch die Reformation evangelisch geworden war, verkaufte man den Schrein nach dem Dreißigjährigen Krieg an den bayrischen König Maximilian. Seither ist er in der katholischen Jesuitenkirche St. Michael in München zu sehen. Von der Huldigung der Schutzpatrone

Pastor Henner Flügger leistet Jakobus Gesellschaft – samt Pilgerstab.

der Ärzte erhofften sich die Pilger Gnade angesichts begangener Sünden, sowie Segen und nicht zuletzt Heilung von Krankheit und Gebrechen. „Außerdem lag Bremen geografisch für manch einen Pilger praktisch, weil es von hier aus Seeverbindungen nach Bordeaux gab. Man musste also nicht unbedingt auf dem Landweg weitergehen, sondern konnte bequem an Bord einer Kogge nach Frankreich übersetzen."

Für die Pilger gab es in der Innenstadt eine historische Jakobi-Kirche, in der eine Jakobusfigur stand. Diese wurde – nach mehreren Vorgängerbauten – im 13. Jahrhundert errichtet und im Zuge der Reformation 1523 säkularisiert. „Man hat sie dann nicht mehr als Kirche genutzt", erläutert Flügger. Stattdessen zog hier die Zunftstube des Schmiedeamts ein, bis das einstige Gotteshaus im ausgehenden 17. Jahrhundert baufällig wurde. Turm und Langhaus wurden abgerissen – und die ursprüngliche Jakobusfigur musste nun zum ersten Mal auf Wanderschaft gehen: „Man hat diese Jakobusfigur auf einen Brunnen in der Langenstraße gesetzt", erzählt Henner Flügger. Das war keine gute Idee, denn: „1906 wurde sie von einem Volltrunkenen von ihrem Sockel geholt und in Einzelteile zerlegt", schildert Flügger das Schicksal des Bremer Jakobus. Der Betrunkene sei dabei so gründlich ans Werk gegangen, dass an eine Restaurierung nicht zu denken war.

Doch die Bremer Jakobus-Gesellschaft, die Bruderschaft, wollte nicht akzeptieren, dass es mit ihrem Patron nun einfach zu Ende sein sollte und ließ ihn kurzerhand wieder auferstehen. „Sie haben eine Replik in Auftrag gegeben, die am Neanderhaus an der St.-Martini-Kirche nahe der Schlachte aufgestellt wurde", sagt Flügger. Warum ausgerechnet an der Schlachte? „Da gab es zahlreiche Pilgerherbergen, wo damals die Gläubigen untergekommen sind." Doch auch dieser Statue war nicht vergönnt, dauerhaft an diesem Fleck stehenzubleiben und den Pilgern einfach nur ihren Segen mitzugeben. „Sie wurde im Zweiten Weltkrieg 1944 bei der Bombardierung Bremens schwer beschädigt und galt seither als verschollen. Keiner wusste, wo sie sich befand", erzählt Flügger.

In den 50er-Jahren habe man nach alten Fotos erneut eine Replik erstellt. „Diese ist an der Martinikirche bei der Schlachte zu sehen." Aber steht der heutige Jakobus nicht im Bibelgarten? „20 Jahre, nachdem die Replik aufgestellt worden war, wurde der Dom in den 70er-Jahren aufwändig saniert", beschreibt Henner Flügger die Geschichte der Figuren-

Wanderschaft weiter. „In den Bauhöfen der Stadt wurde dazu nach wiederverwertbaren alten Bauteilen gesucht. Nur durch einen Zufall wurde dabei auch der verschollene Jakobus wiedergefunden." Ganz vollständig war er allerdings nicht mehr: „Sein Stab und eine Hand fehlten, und auch am Hut fehlte ein Stück der Krempe. Aber man konnte ihn wieder restaurieren, sodass er seit 1980 im Bibelgarten steht."

Was haben die Bremer Jakobusse nicht alles erlebt! Von Pilgern verehrt und berührt, von einem Besoffenen zertrümmert, durch den Willen der Bremer neu erschaffen, in den Schrecken der Bombennächte wieder verloren gegangen. Ein tristes Vierteljahrhundert tatenlos in einem Schuppen gelegen. Schließlich wiederentdeckt und im Bibelgarten einem würdigen Platz zugeführt.

Und nun geht die Geschichte endlich ihren geordneten Gang: Pilger kommen zu Jakobus in den Bibelgarten und erbitten seinen Segen. Er selbst muss nicht mehr unterwegs sein. Henner Flügger erzählt den Pilgern dann oft die Geschichte der steinernen Figur. „Wir haben einen Stadtpilgerweg entwickelt, der hier beim Jakobus beginnt und an der Schlachte endet, wo die Pilger einst aufgebrochen sind." Dazwischen geht es zu vielen verschiedenen Orten, an denen Sehnsucht vielfältig thematisiert wird. „Der Bankautomat gehört auch dazu", verrät Henner Flügger schmunzelnd. „Als Pilger erfährt man, dass man mit relativ wenig Geld unterwegs sein kann und dass einem dennoch große Gastfreundschaft entgegengebracht wird; dass Geld also gar nicht so wichtig ist. Auf einer Pilgerfahrt wird man auf andere Art und Weise reich. Man lebt davon, dass einem vieles geschenkt wird."

Aber auch, wenn er gerade keine Pilgergruppen durch Bremen führt, besucht Pastor Flügger die Steinfigur oft. Er rührt ihn irgendwie, der steinerne Jakobus mit dem umständlichen Weg in den Bibelgarten.

Eva-Maria Bast

So geht's zur Skulptur:

Sie steht im Bibelgarten, der sich direkt neben dem Dom im historischen Kreuzgang befindet.

Till Eulenspiegel am Bremer Rathaus.

23

Till Eulenspiegel
Kraftvoll, bedächtig und vor allem: mit Witz

Ist er das? Ist er es nicht? Doch! Er ist es! Eindeutig zu erkennen an seiner Kappe, deren Zipfel nach unten hängen. Ja, das ist der, der so gern Schabernack treibt. Die Leute foppt. Späßchen macht. Till Eulenspiegel? Eben jener! An dem Flügel des Neuen Rathauses, der zum Markt/Zum Dom hin zeigt, unterhalb eines vergitterten Fensters, befindet sich ein Relief des berühmt-berüchtigten Schelms. Aber was macht er da? Und was ist das überhaupt für ein Gitter vor den Fenstern? Wilhelm Tacke weiß es. Weil er alles weiß, was mit dem Bremer Rathaus zusammenhängt. „Dieses vergitterte Fenster ist eine Reminiszenz an die mittelalterlichen Lauben", sagt er. „Aus den Lauben heraus verlas der Bürgermeister einmal im Jahr, an Sonntag Laetare, also mitten in der Fastenzeit, den versammelten Bürgern auf dem Marktplatz die Gesetze. In der Regel gab es kaum zehn neue Gesetze pro Jahr."

Die erste Laube, sagt der Historiker, befand sich zentral am Alten Rathaus. Am Neuen Rathaus hingegen hatte sie nur eine Alibi-Funktion, denn in der Ausschreibung war 1907 von einer Laube die Rede. Die alte über dem Eingang zum Ratskeller war schon 1826 abgebrochen worden.

Das Dokument, auf dem man in Bremen die Gesetze festhielt, war die sogenannte Kundige Rulle von 1489, die aus 14 ungegerbten aneinandergenähten Kuhhäuten bestand. Die Schriftrolle war genau 6,93 Meter lang und nur 15 Zentimeter breit. Sie wurde in niederdeutscher Sprache verfasst und beinhaltete 225 Artikel. So war es laut Artikel 168 beispielsweise strengstens verboten, Bier aus dem benachbarten Hamburg einzuführen oder gar zu verkaufen: „Auch ist der Rat mit der Gemeinde, mit der Kaufmannschaft, den Brauern und Zünften übereingekommen, dass niemand Hamburger Bier weder zu Wasser noch zu Lande in die Stadt oder in das Stadtgebiet bringen soll und solch Bier weder durch Rat noch Tat beherbergen oder hegen soll, außer wenn es vom Rat gepachtet ist. Verstößt jemand dagegen und will dem nicht abschwören oder würde er durch Zeugen überführt, soll er das mit 10 Mark büßen, und er soll auch dazu ein halbes Jahr lang nicht in der Stadt wohnen, sooft er dagegen verstößt, es sei denn, es geschehe mit Erlaubnis des Rates." Im Mai 2014 sorgte die Kundige Rulle für Schlagzeilen, als das historische, seit dem Zweiten Weltkrieg verschollene Dokument in Kalifornien wiedergefunden und zurück in die Hansestadt gebracht wurde.

Um die Fenster herum befindet sich reichhaltiger Figurenschmuck.

Doch zurück in die Vergangenheit: „Seit 1756 wurde das geltende Recht nicht mehr verlesen, sondern im Amtsblatt veröffentlicht", erklärt Tacke schmunzelnd. „Das ist ja heute noch so. Gesetze sind

> *„Sehen Sie mal genau hin – da ist nicht nur Till Eulenspiegel zu sehen."*

nicht gültig, wenn sie beschlossen worden sind, sondern müssen veröffentlicht sein. Im Mittelalter war die Verlesung an Sonntag Laetare gleichzusetzen mit der Veröffentlichung." An diesen Brauch habe Architekt Gabriel von Seidl (1848-1913) erinnern wollen, als er ab 1909 das Neue Rathaus an Stelle des Alt- und Erweiterungsbaus errichtete.

Und was hat das nun mit Till Eulenspiegel zu tun? „Sehen Sie mal genau hin – da ist nicht nur Till Eulenspiegel abgebildet", bemerkt Tacke. Tatsächlich. Ein Löwe ist nahe von Till Eulenspiegel zu sehen. Und eine Schildkröte. Und ein Krokodil. „Theoretisch könnte der Bürgermeister von hier aus Gesetze verlesen, auch wenn diese keine rechtliche Relevanz mehr haben", erklärt der Historiker, der ein Standardwerk zum Neuen Rathaus verfasst hat. „Von Seidl wollte damit zum Ausdruck bringen, welche Fähigkeiten ein guter Redner seiner Ansicht nach mitbringen muss: kraftvoll wie ein Löwe, bedächtig wie eine Schildkröte, zupackend wie ein Krokodil. Und: humorvoll wie Till Eulenspiegel." Eine durchaus gelungene Empfehlung. Der Leser möge sie sich merken und beim Besuch des nächsten Vortrags prüfen, ob es dem Redner gelingt, Krokodil, Schildkröte und Till Eulenspiegel zu vereinen.

Eva-Maria Bast

So geht's zu Till Eulenspiegel:

Seine Büste hängt am Ostflügel des Rathauses, zum Marktplatz hin gelegen.

Georg Skalecki kommt selbst gern in den Theatergarten, wenn er die Ruhe genießen will.

Theatergarten
Eine Nackte, eine Kunst-Krypta und viel Theater

Zu welcher Uhrzeit man auch in den Theatergarten kommt – Aegina ist schon da. Liegt auf den rechten Ellbogen gestützt, den linken Arm sinnlich über den Kopf gelegt, die Beine angewinkelt. Nackt, wie Gott sie schuf, oder vielmehr: Wie Gerhard Marcks (1889-1981) sie formte. Mit kleinen Brüsten, einer schmalen Taille und einem breiten Becken. Ob das Aussehen der Bronzefigur dem bevorzugten Frauentyp des Bildhauers entsprach oder doch eher an die Nymphe Aegina erinnern soll, die mit ihrer Schönheit selbst Göttervater Zeus betörte, ist bis heute ein Rätsel. Manche behaupten auch, diese wohlgeformten Rundungen seien von der Landschaft der griechischen Insel Aegina inspiriert - dort nämlich besaß Marcks ein Haus. Fest steht: Aegina, die Liegende, zieht Blicke auf sich. Und das liegt nicht nur daran, dass sie nackt ist.

Es hat auch nichts damit zu tun, dass sie auf dem sogenannten Theaterberg liegt. Wobei: Berg ist vielleicht für Bremer Verhältnisse eine angemessene Bezeichnung – immerhin ist die höchste Erhebung hier der 32,50 Meter hohe Hügel im Friedehorstpark –, erfahrene Alpinisten hingegen dürften die Steigung nicht einmal wahrnehmen. Vielleicht würden sie die Liegende auch gänzlich übersehen, schließlich ist schon ihr Standort fast ein Geheimnis. Während die zickzackförmigen Wallanlagen, die an die alte Stadtmauer erinnern, deren Überreste tief unter dem grünen Rasen liegen, an sonnigen Tagen voller Fußgänger und Radfahrern sind, ist Aegina etwas abseits der ausgetretenen Pfade zu finden: Oberhalb des Fuß- und Radwegs, hinter Büschen und Bäumen versteckt, im Theatergarten. Der ist nicht nur ein Geheimtipp für alle, die im Stadtzentrum etwas Ruhe suchen, sondern birgt auch eine Geschichte, die vielen bislang unbekannt ist.

Schon im Namen der Grünanlage steckt das Wort Theater, und spätestens, wenn das Tor durchschritten ist, fühlt man sich wie in einem Theateraufgang. Links oder rechts entlang zu den Sitzplätzen? Wie in einem Schauspielhaus sind die weißen Bänke auf der terrassenförmigen Anlage über mehrere Ebenen versetzt aufgebaut, sodass der Blick über die Beete dorthin gelenkt wird, wo der Zuschauer nun eine Bühne vermuten würde. Tatsächlich aber ist dort nichts bis auf den Ausgang aus dem Theatergarten, und, ach ja: Aegina, die Liegende, die sich in dieser Aufmerksamkeit zu sonnen scheint.

Dass der Aufbau des Gartens an einen Theatersaal erinnert, ist kein Zufall, weiß Georg Skalecki. Er ist Landeskonservator beim Landesamt für Denkmalpflege und kommt in seiner Mittagspause gerne an diesen Ort der Ruhe, dessen Bäume den Lärm der Stadt verschlucken und allenfalls ein paar dumpfe Motorengeräusche von der Straße Am Wall durchlassen. „Früher – das kann man sich heute kaum vorstellen – stand hier ein imposantes Gebäude, das mit seinen drei Etagen die Häuser am Wall weit überragte", sagt Skalecki. In seiner Hand hält er eine Abbildung aus dem Jahr 1851, die das Haus von damals zeigt: Ein prachtvoller klassizistischer Bau, 36 Meter breit, 47 Meter tief. Sieben Stufen führten zu den drei Eingangsportalen, vor denen sich zu manchen Spielzeiten hunderte Menschen versammelten, um einen der 1400 Plätze zu ergattern und Stücke von Richard Wagner, Mozart, aber auch modernes Theater und klassische Opern anzuschauen. Zum Vergleich: Die heute größte Bremer Spielstätte, das Theater am Goetheplatz, bietet 868 Plätze.

Doch das Bremer Stadttheater gründete sich schon weit vorher. 1792 wurde das erste Schauspielhaus gebaut und von wechselnden Gruppen bespielt. Weil das Geschäft aber mühselig und der Ertrag klein war, rief Senator Georg Heinrich Olbers (1790–1861) 1826 einen Theater - und kurz drauf, 1835, einen Aktienverein ins Leben. „Der damalige Direktor Daniel Schütte hatte sich jahrzehntelang für eine bessere Finanzierung des Theaters eingesetzt", erzählt Skalecki. „Aber er konnte weder in der Politik noch in der Bevölkerung genügend Unterstützer gewinnen." Mit dem Theater-Aktienverein sollte sich das ändern: Mehr als 150 Mitglieder wollten in ein neues Theaterhaus mit einem festen Ensemble investieren. Zu 100 Reichstalern verkaufte der Verein Anteile an wohlhabende Theaterfreunde, Kaufleute und Senatoren. Und tatsächlich: 1840 hatte Schütte so viel Geld zusammen, dass das neue Bremer Stadttheater gebaut werden konnte, und zwar direkt auf die Bischofsnadel-Bastion, die heute als Theaterberg bekannt ist. Damit das 1843 eröffnete Stadttheater auch die erhofften Einnahmen bringen würde, kaufte der Verein von dem Rest des Geldes das alte Schauspielhaus ein paar hundert Meter Richtung Ostertor auf – und ließ es kurzerhand abreißen.

Aegina, die Liegende von Gerhard Marcks, zieht alle Blicke auf sich.

Bereits fünf Jahre später war der Trägerverein allerdings insolvent, sodass das Theater an wechselnde Schauspieldirektoren verpachtet wurde – bis 1920. Zwischenzeitlich wurde das Schauspielhaus am Goetheplatz eröffnet, weshalb das Gebäude in den Wallanlagen Opern und Operetten zeigte. 1933 erhielt es den Titel Staatstheater und wurde in das Abonnentensystem der Nationalsozialisten integriert. Zwei Monate, nachdem der Theaterbetrieb im August 1944 eingestellt worden war, wurde der Bau bei einem Bombenangriff zerstört. „Damit war das Ende der Schauspielkunst an dieser Stelle zwar besiegelt", meint Skalecki. „Aber dafür zog eine andere Form der Kunst ein."

Denn der Tiefbunker neben dem zerstörten Theaterhaus wurde 1949 von dem Galeristen Peter Hagenah (geb. 1927) gemietet, der heute als einer derjenigen gilt, die das Aufkommen der keramischen Kunst in Deutschland wesentlich beeinflusst haben. An Ort und Stelle ließ er ein kleines Gebäude errichten, das er Kunst-Krypta taufte: ein flacher Bau, dessen mit Glasbausteinen durchsetztes Dach nach hinten abfiel und schließlich im Erdboden verschwand. Eine S-förmige Treppe führte nach unten in den Keller, der als Ausstellungsraum für Kunsthandwerk genutzt wurde. „Allerdings hatte Hagenah gar keine Genehmigung für das Gebäude", sagt Skalecki. „Peter Hagenah erhielt immer wieder behördliche Duldung, doch irgendwann war Schluss." 1962, nicht einmal zehn Jahre nach dem Bau, wurde die Kunst-Krypta abgerissen.

Das Theater aber, das kann man sich noch immer ziemlich gut vorstellen – oder zumindest das Gefühl, das man als Zuschauer innerhalb des Saals wohl gehabt haben muss. Denn dort, wo einmal Stadttheater und Kunst-Krypta standen, wurde von 1966 bis 1968 der wunderschöne Theatergarten angelegt. „Die Konzeption der terrassenförmigen Grünanlage orientiert sich an den englischen Landschaftsgärten, die auch eine Blickbeziehung berücksichtigen", sagt Skalecki. „Der Blick wird dabei über das Gartenende in die Ferne geführt." Meist, ganz unbewusst, bleiben die Augen jedoch unten – auf der Bühne, wenn man so will – hängen. Verweilen auf Aegina, die dort seit 1968 liegt und an die Nymphe Aegina erinnert. Oder an die griechische Landschaft. Oder an die Künste von Gerhard Marcks. Am meisten aber ans Theater, in dem es schon immer um das Spiel mit der Aufmerksamkeit ging.

Tobias Meyer

So geht's zum Theatergarten:

Der Standort des einstigen Stadttheaters befindet sich auf der Stadtseite der Wallanlagen. Am besten erreicht man ihn von der Bischofsnadel aus: Der Straße Am Wall in Richtung Ostertor folgen und bei der ersten Gelegenheit links in die Parkanlage abbiegen. Auf der rechten Seite befindet sich der Eingang.

Das Haus des Reichs sollte der Verwaltungspalast der Nordwolle werden. Doch dann ging das einst größte europäische Wollverarbeitungsunternehmen pleite.

Baumwollblüten
Erinnerung an eine große Spinnerei

25

Wer in das Hauptgebäude des Finanzamts – das sogenannte Haus des Reichs – am Rudolf-Hilferding-Platz kommt, kann gar nicht anders, als kurz innezuhalten, sobald er die Türschwelle erreicht hat. Kunstvoll sind die Innenseiten des Türrahmen verziert: Zur Linken finden sich ein kleiner Hahn, ein großer Fisch und Neptuns Dreizack. Zur Rechten ein Matrose auf einem Segelschiff und eine Taube mit einem Zweig im Schnabel. Und zwischen diesen Figuren: stilisierte Baumwollblüten und Garnspindeln. Doch was hat diese Gestaltung am Finanzamt zu suchen? Nun: Es hat mit einer großen Spinnerei zu tun – im doppelten Sinne.

Es gab im Bremer Umland einmal ein erfolgreiches Unternehmen: Die Norddeutsche Wollkämmerei und Kammgarnspinnerei, kurz Nordwolle genannt. 1884 wurde es in Delmenhorst gegründet und entwickelte sich nach eigenen Angaben zu Europas größtem wollverarbeitenden Betrieb. Waren 1887 noch etwa 900 Menschen bei Nordwolle angestellt, wuchs die Zahl der Beschäftigten bis 1911 auf 3000 und bis zur Mitte der 1920er-Jahre sogar auf weltweit etwa 20.000 Mitarbeiter, die ein Viertel der Woll-Rohgarn-Produktion auf der Welt abdeckten. Ein immenses Wachstum, das sich auch auf Delmenhorst auswirkte – allein bis 1905 lebten drei Mal so viele Menschen in der Stadt wie vor der Gründung der Nordwolle. Ein Großteil der Arbeitskräfte zog dabei aus Osteuropa an die Delme, um dort für einen Tageslohn von etwa 1,50 Mark in strengen Hierarchien zu arbeiten. Die Zuwanderinnen erhielten deswegen von den Delmenhorstern auch den Spitznamen Wollmäuse und lebten in einer eigens für sie gebauten Arbeitersiedlung, einer Stadt in der Stadt.

Der verzierte Türrahmen ist eine Replik. Das Original steht im Museum in Delmenhorst.

Das größte Bauprojekt sollte aber in Bremen entstehen: Das Kontorhaus mitten im Stadtzentrum, auf knapp 34.000 Quadratmetern Grundfläche. Eine Art Verwaltungspalast, der auch heute noch zu den größten Bürogebäuden in Bremen zählt und damals nicht nur neuer Standort für das Delmenhorster Unternehmen, sondern auch ein Symbolbild des Erfolgs der Nordwolle sein sollte. Beauftragt wurden die Architekten-Brüder Eberhard (1897-1978) und Hermann Gildemeister (1891-1984). Eberhard Gildemeister schuf unter anderem markante Gebäude wie die Rembertikirche und das Gebäude der Sparkasse am Bremer Marktplatz.

Das Kontorhaus war gerade fertiggestellt – da musste Nordwolle Insolvenz anmelden. Im Februar 1931 war das, also noch vor der der offiziellen Einweihung. Gründe dafür gab es viele: So waren die Kosten und Ausgaben mit dem rapiden Wachstum immens gestiegen und die Nachfrage weltweit wegen der Wirtschaftskrise deutlich gesunken. Und der riesige Bau der neuen Verwaltungs-zentrale – nun ja, der war mit Investitionen in Höhe von fast 12 Millionen Reichsmark eben auch nicht billig. Die Reichsfinanzverwaltung des Deutschen Reichs hingegen freute sich: Sie konnte das neue, kaum genutzte Bürogebäude 1933 beziehen und machte aus dem Kontorhaus das Haus des Reichs.

Nach dem Krieg diente es kurzzeitig als Hauptstelle der amerikanischen Militärregierung, wurde dann aber ab 1947 Stück für Stück an die bremische Finanzverwaltung übergeben. Heute haben unter anderem das Finanzamt und die Finanzsenatorin mit ihrer Behörde in dem vierflügeligen Gebäude ihren Sitz. Insgesamt arbeiten an die 1000 Leute im Haus des Reichs.

Betritt man das Gebäude, geht durch die Marmorhallen, vorbei an den schönen Skulpturen und alten Ebenholz-Vertäfelungen und fährt vielleicht auch die eine oder andere Runde Fahrstuhl (hier befinden sich drei der wenigen noch aktiven Paternosteraufzüge Deutschlands) – dann sollte man einen Blick aus einem der Fenster in den Innenhof werfen. Oder man wählt den direkten Weg über die Toreinfahrt an der Straße Am Rövekamp. Jedenfalls: Inmitten dieses inneren Bereichs steht ein Brunnen, liebevoll detailgetreu gestaltet mit Figuren wie Papageien, Affen, Eulen und kleinen Männlein. Ein großer Sockel, darauf eine vielkantige Säule mit vier Abschnitten. An deren oberen Ende sitzt als quadratischer Würfel eine goldene Uhr. Die schwarzen Zeiger rennen unermüdlich, von Minute zu Minute, von Stunde zu Stunde. Es ist nahezu ein Wunder, dass man auf einen Sekundenzeiger verzichtet hat, obwohl dieser doch die Dramatik der in gefühlt rasender Geschwindigkeit schwindenden Zeit noch unterstrichen hätte. Das Ziffernblatt ist von allen Seiten gut zu sehen. Und genau darum ging es den Erbauern damals, erzählt man sich: Wann immer die Mitarbeiter den Blick aus dem Fenster schweifen ließen, sollten sie daran erinnert werden, dass sie in diesem Moment kostbare Arbeitszeit vergeuden. Zeit ist eben Geld. Vor allem, wenn es um Steuern geht.

Tobias Meyer

So geht's zu den Baumwollbüten:

Das Haus des Reichs liegt am Rudolf-Hilferding-Platz.

Reliefs
Mit spitzer Feder gegen Paragrafen

Das sieht ja nicht sonderlich vertrauenserweckend aus! Hoch über dem Marktplatz spielt sich doch tatsächlich eine Art Schlacht ab: Männer mit langen Lanzen in der Hand kämpfen gegen ein Ungeheuer mit schlangenartigem Körper und mehreren Köpfen. Stadtführer Andreas Calic weiß, welche Geschichte sich hinter diesem Relief verbirgt. „Die Höhe dieses Hauses, dem Bankhaus Neelmeyer, war ursprünglich niedriger. 1913 stellte der Architekt im Auftrag des Bankiers Franz Neelmeyer den Antrag, dessen Bankhaus um einige Stockwerke erhöhen zu dürfen", erzählt er. Der Architekt war kein Geringerer als der in Bremen zu der Zeit ausgesprochen beliebte und bekannte Heinrich Rudolph Jacobs (1879-1946). Doch die Baubehörde im gegenüberliegenden Rathaus habe sich strikt gegen die Umbaupläne ausgesprochen. „Man fürchtete, das Haus könne zu hoch werden im Vergleich zum Rathaus, obwohl das natürlich nicht so deutlich gesagt wurde", erklärt Calic augenzwinkernd. „Die Angelegenheit ging hin und her, und es wurde viel gestritten, bis es schließlich doch zur Einigung kam und Neelmeyer das Haus auf seine heutige Höhe aufstocken durfte."

Zur Erinnerung an jenen Streit ließ Bildhauer Georg Arfmann (1927-2015) das Relief an der Fassade anbringen. „Und die Lanzen, die die vier Herren in der Hand halten, entpuppen sich beim genauen Hinsehen als Federkiel und Zeichenstift, die der Architekt benötigte", erklärt Andreas Calic. Architekt Jacobs ist der vordere Mann, hinter ihm kommen die drei Bauherren, die gegen eine Hydra als Symbol für die Paragraphenreiter aus der Baukommission der Stadt Bremen kämpfen. „Schauen Sie mal ganz genau hin", fordert Calic auf. „Die Hydra spuckt Paragrafen." Calic macht auch auf die nackte Frau ganz hinten links aufmerksam: „Diese Figur soll die Kunst darstellen, die von den Bürokraten gefan-

„Die Hydra spuckt Paragrafen."

Andreas Calic weiß, welche spannende Szene auf diesem Gebäude dargestellt ist.

gen ist. Der Architekt und die Bauherren versuchen, sie zu befreien." Auch das Rathaus kann man auf dem Relief gut erkennen – die räumliche Zuordnung ist also gegeben.

Der Architekt und die Bauherren kämpfen gegen die Baukommission der Stadt.

So viel zu diesem Relief, das sich auf der linken Gebäudeseite befindet. Doch auf der rechten Seite gibt es noch ein zweites. Darauf ist offensichtlich der Ausgang des Streits zu sehen: Der Architekt hat die Hydra besiegt, stößt nochmal nach, obwohl das Tier schon in sich zusammengesunken ist. Die Bauherren, die hinter dem Architekten stehen, halten das Haus – das das nun erhöhte darstellen soll – in der Hand. Eine solche öffentliche Anspielung auf einen privaten Streit mit der Obrigkeit sei für diese Zeit einzigartig, sagt Andreas Calic und findet: „Das ist schon sensationell." Wo er recht hat, hat er recht.

Eva-Maria Bast

So geht's zu den Reliefs:

Sie hängen am Marktplatz 14-16, am Bankhaus Neelmeyer, oberhalb des ersten Stocks.

Katharina Rosen mit ihrem Lieblingsschwein.

Schweineherde
Nomen ist eben doch Omen

In Bremen gibt es drei Treffpunkte, an denen man sich gerne verabredet: bei den Bremer Stadtmusikanten neben dem Rathaus, beim Roland auf dem Marktplatz und bei der Schweineherde in der Sögestraße. Die bronzene Figurengruppe des Bildhauers Peter Lehmann (1921-1995) ist ziemlich bekannt, wohl jeder Bremer hat sie schon einmal gesehen – „doch viele wissen nicht, dass sie dort nicht nur steht, um schön auszusehen, sondern um auf die Geschichte dieser Straße zu verweisen: Sögestraße", erzählt Stadtführerin Katharina Rosen.

Söge, sagt sie, ist der plattdeutsche Begriff für Sauen. Die Straße heiße also genau genommen Schweinestraße – und zwar, weil hier im Mittelalter ein Bäcker neben dem anderen gelebt habe. Aber müsste sie dann nicht eher Bäckerstraße heißen? „Das stimmt schon", räumt Katharina Rosen ein. „Doch der Name der Sögestraße hat ebenfalls seine Berechtigung." Und zwar deshalb, weil Bäcker mehr Schweine halten durften als Mitglieder anderer Handwerkszünfte. Müllern war es zum Beispiel nur gestattet, drei Schweine zu halten, während Bäcker wegen ihrer vielen Brotabfälle bis zu sechs Sauen besitzen durften. „Wenn man sich vorstellt, dass hier im Mittelalter das Viertel der Bäcker war und jeder sechs Schweine hatte, dann kann man sich ausmalen, was hier los war." Hinzu komme, dass Schweine aus der ganzen Stadt durch die Sögestraße und das an deren Ende liegende Herdentor auf die Bürgerweide außerhalb der mittelalterlichen Stadt getrieben wurden. „Heute ist die Bürgerweide nur noch ein Platz hinter dem Bahnhof. Aber damals war er eine große Weide, auf der das ganze Vieh morgens aufgetrieben und abends wieder zurückgeholt wurde." Im Mittelalter sei die Sögestraße deshalb die dreckigste Straße der Stadt gewesen. Augenzwinkernd fügt Katharina Rosen hinzu: „Wenn man ein Gefühl dafür bekommen möchte, wie viele Schweine hier im Mittelalter unterwegs waren, muss man sich samstags um 14 Uhr hier aufhalten und sich alle Menschen, die sich zum Einkaufen hier hindurch drängen, mal als Schweine vorstellen. Dann hat man eine ungefähre Vorstellung davon, was hier los war."

Schweine von großer Bedeutung: die Bronzeskulpturen in der Sögestraße.

Die Schweine, so erzählt Katharina Rosen weiter, lebten im Mittelalter noch gemeinsam mit den Menschen in ihren Wohnhäusern. „Sie wurden quasi als Heizung genutzt. Aber im Herbst musste man sich dann entscheiden, ob man diese Wärmequelle über den Winter finanzieren konnte oder ob man eher das Fleisch des Schweines brauchte." Entschied man sich für das Fleisch, habe man das Tier einfach in die nahegelegene Knochenhauerstraße gebracht. „Wie der

Name sagt, lebten und arbeiteten dort diejenigen, die die Knochen zerhauen, also die Schlachter." Und dann gibt es ja noch die Straße mit dem Namen Schüsselkorb. „Der Schüsselkorb war eine Art Gatter, das Korb genannt wurde, und in das man alle Tiere quasi schüttete, die ausgebüchst oder herrenlos waren", sagt die Stadtführerin. „So entstand die Bezeichnung Schüttekorb, aus der später der Schüsselkorb wurde. Eine Art Fundbüro für verloren gegangenes Vieh."

„Sie wurden quasi als Heizung genutzt. Aber im Herbst musste man sich dann entscheiden, ob man diese Wärmequelle über den Winter finanzieren konnte oder ob man eher das Fleisch des Schweines brauchte."

Das Fazit der Geschichte drängt sich regelrecht auf: Nomen est Omen.

Eva-Maria Bast

....
So geht's zur Schweineherde:

Das Denkmal steht unübersehbar am Eingang der Sögestraße.

28

Gürtelschnalle
Engel und Rosen geben Rätsel auf

Wie niedlich! Und wie lieblich! Auf der Gürtelschnalle des großen, mächtigen Roland ist ein kleiner, Laute spielender Engel inmitten von Rosenblüten abgebildet. So hübsch er auch sein mag: Er passt so gar nicht zu dem schweren Heerführer, der hier auf dem Bremer Marktplatz die Freiheit der Städte gegenüber dem Territorialfürsten symbolisieren und vor einem Angriff auf die Bürgerrechte warnen soll. Zu seiner schweren Rüstung würde etwas Spitzes, Grobes als Gürtel passen. Aber doch kein Engel!

Und in der Tat, sagt Stadtkenner Ottmar Hinz, habe es mit diesem Engel keine liebliche, sondern eine ausgesprochen blutrünstige Bewandtnis. „Roland war ein sagenumwobener Paladin Kaiser Karls des Großen. Im Frühjahr 778 zog Roland mit ihm gegen die Sarazenen ins Feld – und in diesem Krieg ist er auch gefallen." Jedoch erst auf dem Rückweg: Karls Truppen plünderten die spanische Stadt Pamplona und brachten damit die dort lebenden Basken gegen sich auf. Als das Heer am 15. August am Col de Roncevaux die Pyrenäen überquerte, überfielen die Einheimischen die Soldaten. Der Moment war günstig, denn aufgrund der topografischen Lage mussten die Franken in einer langen Reihe hintereinander marschieren. Da war es den Basken ein leichtes, das deutlich geschwächte Heer anzugreifen – zumal sie sich im Gegensatz zu Karls Truppen auch im Gelände auskannten. Nachdem ein Großteil der Armee vorbeigezogen war, stürzten sie sich auf die Männer der Nachhut, die ihnen in ihrer Überraschung nicht viel entgegenzusetzen hatten. Hruotland, auch Hruodland oder eben Roland (um 736-778), Graf der bretonischen Mark, führte diese Männer an – und fand bei der Schlacht am 15. August 778 den Tod.

Der Geschichtsschreiber und Zeitzeuge Eginhard berichtete: „Es kam den Basken bei dieser Tat die leichte Bewaffnung und die Lage des Schlachtfeldes zu statten. Die Franken waren durch die Schwere

Ottmar Hinz kennt die Bedeutung der Roland'schen Gürtelschnalle.

ihrer Waffen und die ungünstige Örtlichkeit in allem gegen die Basken im Nachteil. In diesem Treffen wurden Eghart, des Königs Truchseß, der Pfalzgraf Anselm und Rodland, der Heerführer des brettannischen Grenzbezirks nebst anderen getötet." Roland, stellt Ottmar Hinz fest, starb also den Heldentod. Und so entstand schnell ein Heldenkult, in dem Roland zum Märtyrer stilisiert wurde. Als die Kreuzzüge begannen, sah man ihn gern als Mann, der auszog, für seinen Glauben zu kämpfen – und dafür sogar sein Leben gab. Und genau das soll der kleine Engel symbolisieren: „Das war nichts anderes als Rolands Märtyrerzeichen." Der musizierende Engel soll Rolands Nähe zu Gott symbolisieren.

Was hat ein kleiner Engel mit dem Roland zu tun?

„Weil er für den Glauben gestorben und insofern durch seine Taten geheiligt ist."

Warum aber wurde die Nähe zu Gott ausgerechnet durch einen musizierenden Engel dargestellt? „Musik und harmonische Klänge sind für uns heute nichts Besonderes mehr", gibt Ottmar Hinz zu bedenken. „Aber zu Rolands Lebzeiten war nur selten Musik zu hören. Und deshalb war sie der Inbegriff der Glückseligkeit. Was für uns heute alltäglich ist, war damals unvorstellbar kostbar. Etwas, das man nur ganz selten erlebt." Auch die Rosenknospen, die den kleinen Engel wie ein Bilderrahmen umgeben, stehen damit im Zusammenhang, sagt Hinz. „Eine rote Rose war im Mittelalter das Zeichen des Märtyrertums."

Eva-Maria Bast

So geht's zur Gürtelschnalle:

Sie ziert den Bauch des Rolands, der unübersehbar auf dem Marktplatz steht.

Dieter Fricke vor dem Roten Haus, das einst der KPD gehörte und dann von der Gestapo als Folterstätte genutzt wurde.

Das Rote Haus
Vom Linken-Treffpunkt zur Folterstätte

Rot ist die Farbe der Liebe. Rosen sind rot, Herzen ebenso, und wenn man ganz frisch verliebt ist, dann auch einmal die Wangen. Doch das sogenannte Rote Haus im Buntentorsteinweg in der Bremer Neustadt war nicht etwa ein Hochzeitshaus oder ein Bordell. Denn Rot ist schließlich auch die Farbe des Kommunismus. Und im Gebäude mit der Nummer 95 hatte die Kommunistische Partei Deutschlands (KPD) einst ihren ersten Bremer Sitz. Bis die Nationalsozialisten 1933 das Rote Haus enteigneten und dem Farbbegriff noch eine andere, schockierende Dimension gaben – indem sie eine blutige Folterkammer daraus machten.

Neustadt, Mitte des 19. Jahrhunderts. Der Buntentorsteinweg war geprägt von handwerklichen Betrieben: Hier wurde gesägt und geschraubt, geflickt und repariert – und Zigarren gerollt. „Die Zigarrenfabriken waren eine Keimzelle der Arbeiterbewegung in der Hansestadt", erzählt Dieter Fricke. Der Historiker hat viel zur Geschichte der Bremer Arbeiterbewegung geforscht und herausgefunden: „Die Zigarrenmacher waren es vor allem, die während der Überstunden ihren Kollegen aus Zeitungen und politischen wie ökonomischen Schriften vorlasen." Schließlich gab es in den Hallen keine lärmenden Maschinen, und das Vorlesen war eine willkommene Abwechslung. „So erwarben die Mitarbeiter ein umfangreiches Wissen." Dadurch, dass auch häufiger oppositionelle Schriften darunter waren, lernten die Arbeiter, ihre eigene Situation zu reflektieren – und bemerkten schnell, dass es nach vielen guten Jahren auf einmal schlechter wurde: Die Arbeitsanforderungen stiegen, die Arbeitgeber wurden rücksichtsloser, und als 1846 das Gewerbe in eine Krise stürzte, wurde vielen gekündigt. Also formierte sich Protest, der 1865 in der Gründung der ersten überregionalen Gewerkschaftsorganisation mündete. Die Bremer waren an der Entstehung des Allgemeinen Deutschen Cigarrenarbeitervereins maßgeblich beteiligt, aus dem später einmal die Gewerkschaft Nahrung-Genuss-Gaststätten (NGG) hervorgehen sollte. Eine Bronzestatue an der Haltestelle Kirchweg erinnert noch heute an die Zigarrenmacher.

„Folter. Brutale Folter."

Nun: Die KPD gab es Mitte des 19. Jahrhunderts natürlich noch lange nicht. Aber dass die Bremer Ortsgruppe den Buntentorsteinweg als ihren Sitz auswählte, hatte mit diesem gewachsenen Arbeitermilieu zu tun, das für linkspolitische Ideen optimalen Nährboden bot: Von der SPD fühlten sich viele Arbeiter nicht mehr vertreten. Nahezu der komplette SPD-Ortsverein hatte sich als linksradikale Gruppierung abgespalten, benannte sich am 23. November 1918 in Internationale Kommunisten Deutschlands um – und bildete damit die erste kommunistische Partei Deutschlands. Als einen Monat danach, am 31. Dezember 1918, die KPD gegründet wurde, schlossen sich die Bremer Kommunisten der Partei an.

Sechs Jahre später kaufte die KPD das Haus am Buntentorsteinweg 95, richtete es her und bezog es im Februar 1925. „Dort konnten nun endlich in zentraler Lage nicht nur die Büros der Bezirksleitung, sondern auch die Rotationsdruckerei für das Parteiorgan, die Bremer

Arbeiter-Zeitung, untergebracht werden", so Fricke. Hier diskutierten sie über politische Themen und waren Ansprechpartner für die Bürger vor Ort. Doch die Freude über den neuen Parteisitz sollte nicht lange anhalten.

Nachdem die nationalsozialistische Reichsregierung im Februar 1933 linke Parteierzeugnisse verboten hatte, geriet die KPD – die in ihrer Arbeiter-Zeitung unter anderem zum „Widerstand gegen die braunen Mordbanditen" aufrief und auch sonst ihre Ablehnung des aufkommenden rechten Gedankenguts nicht verheimlichte – schnell in den Fokus der Bremer Polizei. „Verbote, Razzien, Festnahmen: Die Polizei bekämpfte die KPD mit allen Mitteln", sagt Fricke. „Dabei wurden zunächst Funktionäre der KPD in sogenannte Schutzhaft genommen." Das Rote Haus wurde am 22. März 1933 von der Nationalsozialistischen Deutschen Arbeiterpartei (NSDAP) konfisziert und von einer Sturmabteilung (SA) besetzt. Diese fanden sogleich einen neuen Namen für das Gebäude und nannten es ab sofort Johann-Gossel-Haus.

Eine Art Racheaktion für einen Vorfall knapp zwei Jahre zuvor. Da provozierte Johann Gossel (1900-1931), NSDAP-Mitglied und Mitglied der SA, mit 15 anderen Nationalsozialisten Teilnehmer eines Kultur- und Sportfests der KPD. Der Streit eskalierte. Gossel starb an einer Verletzung durch einen Messerstich. „Dieser SA-Mann sollte als Märtyrer für die Nationalsozialisten stilisiert werden", vermutet Dieter Fricke. Während der Trauerfeier wurde der Sturm 3/75 nach Gossel benannt.

Als dann auch das Rote Haus einen neuen Titel bekam, spielten sich in der Neustadt dramatische Szenen ab, weiß Fricke: „Zur Einweihung und als deutliches Zeichen verbrannten die Nationalsozialisten öffentlich marxistisch-kommunistische Symbole und das Archiv der Arbeiterzeitung. Kiloweise schleppten sie Broschüren, Zeitungen und Fahnen der Kommunisten und Sozialdemokraten zum Hohentorsplatz und ließen sie in Flammen aufgehen."

Dann ging es Schlag auf Schlag: Immer mehr Menschen wurden festgenommen – so viele, dass die Strafanstalten aus allen Nähten platzten. Das einstige Rote Haus entwickelte sich zum Gefangenenlager der Gestapo. „Sie kamen im Gossel-Haus unter, wurden dort von SA- und SS-Hilfstruppen bewacht und erhielten sogenannte Sonderbehandlungen", weiß der Historiker. Was sich hinter diesem Begriff verbirgt? „Folter. Brutale Folter."

Vor allem Kommunisten und antifaschistische Kämpfer hatten darunter zu leiden. „Die Gefangenen wurden brutal verhört mit dem Ziel, weitere Namen preiszugeben." Viele Zeitzeugen berichteten davon, wie sie zunächst auf einer der Wachen befragt wurden. Als sie dann aber keine Informationen weitergeben wollten, schickte man sie in das Folterhaus am Buntentorsteinweg 95. Hier verprügelte man sie stundenlang, trat sie die Kellertreppe hinunter, ließ sie dort in ihren eigenen Exkrementen liegen. Andere erzählten, dass ihnen nach Stunden der Folter ein Revolver ins Zimmer gelegt wurde, mit dem sie sich erschießen sollten – während die Gestapo zuschaute. „Was sich dort abspielte, war einfach nur grausam", sagt Dieter Fricke.

Das Gossel-Haus war aber auch zentraler Ort für die Planungen der Aktionen gegen Juden in der Neustadt. So soll die SA dort die Angriffe der Reichspogromnacht vom 9./10. November 1938 organisiert haben, woraufhin unter anderem der jüdische Kaufmann Heinrich Rosenblum in der Thedinghauser Straße kaltblütig ermordet wurde.

Nach Ende des Zweiten Weltkriegs wurde das Rote Haus der wiedergegründeten KPD zurück gegeben. Die Partei allerdings verkaufte es 1950. Heute ist es ein Wohnhaus mit unauffälliger Fassade. Die Partei Die Linke hat nur ein paar Hausnummern weiter einen Treff eingerichtet – in einem backsteinroten Haus.

Tobias Meyer

So geht's zum Roten Haus:

Das Rote Haus befindet sich am Buntentorsteinweg 95.

Liliane Skalecki in dem weltweit einzigartigen Hainbuchenrondell in Heinekens Park.

Heckenrondell
Wo die Reichen und Schönen wohnten

Was die halbe Welt mit perlig-herbem Bier verbindet, weckt bei Bremern andere Assoziationen: Heineken. Um genau zu sein Christian Abraham Heineken (1752-1818), denn das ist der volle Name des einstigen Bürgermeisters der Hansestadt. Ein Mann mit vielen Interessen: Da war natürlich die Politik, in die er sich nahezu sein ganzes Leben lang einbrachte und die er seit seiner Wahl zum Ratsherrn 1779 und dann mit der Ernennung zum Bürgermeister 1792 entscheidend prägte. Da waren die Rechtswissenschaften, die er studierte. Da war sein Interesse für Geologie, das ihn dazu brachte, gemeinsam mit dem Ratsherrn Johann Gildemeister (1753-1837) die erste trigonometrische Vermessung von Bremen durchzuführen. Da war auch die Begeisterung für Geschichte, durch die er eine Chronik schrieb, die zu einer der bedeutendsten Quellen der Bremer Historie wurde, und seine Passion für Familienstammtafeln, von denen er mehr als 170 anfertigte.

Aber vor allem war da Heinekens Liebe zur Natur. So freute er sich natürlich, als er 1782 ein ganz besonderes Erbe antreten durfte: Ihm wurde ein Landhaus in Oberneuland übertragen. Nicht irgendeines, sondern jenes, das der bremische Staatsarchivar Hermann Post (1693-1762) einst seinem Schwiegervater, Bürgermeister Hermann von Line abkaufte, um es dann zu verpachten. Posts Schwiegersohn wiederum, Albert Schumacher, erbte den Landsitz und baute ein schickes neues Gutshaus. Schumacher ließ Figuren nachbilden, die er als Gesandter in Dänemark im Schloss Fredensburg auf der Insel Seeland gesehen hatte. Sie stellen die vier Elemente dar und sind bis auf eine noch heute im Park erhalten. Außerdem pflanzte er ein riesiges Heckenrondell. Ein prachtvolles Stück Land also, das Heineken 1882 von Schumacher zugesprochen bekam.

Dass die feine Bremer Gesellschaft des 18. Jahrhunderts am Wochenende gerne ins Grüne fuhr, war nicht gerade ungewöhnlich. „Es war quasi in Mode, sich einen repräsentativen Zweitsitz außerhalb der Stadt zu suchen", weiß Liliane Skalecki zu erzählen. Mitte des 18. Jahrhunderts gab es 76 solcher Landgüter in Bremen. „Wer es sich leisten konnte, kaufte sich ein Grundstück in Oberneuland." Heineken hätte das Geld sicher gehabt, doch nun bekam er einen prächtigen Landsitz geschenkt, und er nahm dankend an. Der spätere Bürgermeister Bremens fing an, das Grün rund um die Villa zu gestalten: ließ einen Park anlegen, wie das damals so üblich war, und holte sich dafür Verstärkung. „Gottlieb Altmann, der auch Ichons Park und die Wallanlagen plante, entwarf für Heineken einen Garten im Stil des holländischen Spätbarocks", sagt Skalecki.

Das einstige Hofmeierhaus von Bürgermeister Heineken steht noch heute.

Herzstück der 27 Hektar großen Anlage war das Heckenrondell – das viele aufgrund seiner runden Form auch als Heckentheater bezeichnen. Auf einer elliptischen Fläche von 50 mal 39 Metern stehen die knapp 6,30 Meter hohen Hainbuchenhecken. In die Hecken hineingeschnitten sind Rundbogendurchgänge, durch die man auf einen höher gelegenen Weg gelangt, der um das Rondell führt und seinerseits wiederum von einer zwei Meter Hecke umgeben ist. Über 230 Jahre ist es nun bereits alt und nahezu komplett original erhalten. Lediglich ein kleiner Teil wurde vor Kurzem erst ausgetauscht, da die Hainbuche krank wurde und sich braun verfärbte. Sie wurde durch eine neue Pflanze im Wert von 1800 Euro ersetzt.

„Ich habe so ein Heckenrondell sonst noch nirgendwo gesehen."

Die Hecke ist aufgrund ihrer Gestaltung zwar besonders– aber es gibt auch Pflanzen auf dem Areal, die wegen ihrer Seltenheit von besonderem Wert sind. „Man findet hier zum Beispiel noch Gurkenmagnolien, Libanonzedern und Tulpenbäume", erzählt Skalecki. Kaufmänner hatten sie im 18. Jahrhundert von ihren Reisen mitgebracht. Für die Autorin ist dieser Garten, der erst seit 1975 für die Öffentlichkeit zugänglich ist, mit dieser Art der Heckengestaltung einer der beeindruckendsten, die sie kennt – und sie hat schon viele besucht. „Ich habe so ein Heckenrondell sonst noch nirgendwo gesehen."

Auch für Heineken war sein Park einst ein Ort zum Träumen. So viel Grün wie hier hatte er in seinem Stadthaus direkt neben dem Dom in der Sandstraße 3 (dem heutigen Sitz des Landesamts für Denkmalpflege) nicht. Dafür aber eine Dienstkutsche, mit der er sich jeden Tag von zwei Ratsdienern im roten Frack den kurzen Weg zum Rathaus bringen ließ – aber das ist eine andere Geschichte.

Tobias Meyer

So geht's zum Heckenrondell:

Die Grünanlage liegt an der Oberneulander Landstraße 151 in Oberneuland.

Der Davidstern an der St. Johann-Kirche gibt Rätsel auf.

3| Davidstern
Ein stiller Sieg über die Nazis

Hoch oben über Bremens Dächern, am Giebel der St.-Johann-Kirche, erhebt sich ein Davidstern. Seit dem 19. Jahrhundert befindet er sich dort, und selbst die Nationalsozialisten schafften es trotz aller Anstrengung nicht, ihn von seinem angestammten Platz zu entfernen. Doch wie kommt ein Davidstern, das Symbol des Judentums, an eine christliche Kirche? Und wie wurde er vor den Nazis gerettet?

„Bis ins Jahr 1888 befand sich hier lediglich ein leerer Kreis ohne Stern", erzählt der Bremer Historiker Wilhelm Tacke. „Doch dann wurde das Kirchendach saniert, und dabei hat man auch den Giebel neu gefasst und mit einem Kreuz versehen. Dabei entstand der Wunsch, das Loch zu füllen."

Er gehe davon aus, dass der Grund, warum man sich für den Stern entschied, ein ganz einfacher gewesen sei: „Jesus kommt aus dem Stamme Davids, da erschien es folgerichtig, den Kreis mit dem Davidstern zu füllen. Mehr haben die Baumeister sich dabei nicht gedacht, bestimmt aber keine Beziehung zum Judentum herstellen wollen", ist sich Wilhelm Tacke sicher. „Das jüdische Symbol war damals eher der siebenarmige Leuchter." Die heutige Wahrnehmung des Davidsterns habe es noch nicht gegeben, sagt der Historiker. „Wenn wir diesen Stern heute sehen, dann rattert es bei uns sofort und wir denken an den Holocaust. Dieser aber lag noch in der Zukunft, auch wenn der Davidstern natürlich schon damals *ein* Symbol des Judentums war."

Was auch immer der Davidstern an St. Johann ursprünglich symbolisieren sollte, den Nationalsozialisten war er ein Dorn im Auge. „Klar dass sie ihn da oben los sein wollten, zumal die Kirche an einer Einfallstraße zur Altstadt lag", sagt Wilhelm Tacke. Wie es gelang, ihn zu retten, ist eine bemerkenswerte Geschichte.

Doch bevor der Bremen-Spezialist sie erzählt, wartet er zunächst noch mit einer anderen auf: die der Zehn Gebote am Gerichtsgebäude. „Dort sind oberhalb des Eingangs die Zehn Gebote gut sichtbar Gold auf Schwarz angebracht", erzählt Tacke. „Die Nationalsozialisten forderten 1936 vom obersten Richter, er solle die Gebote verschwinden lassen." Für Adolf Hitler waren die Zehn Gebote in erster Linie jüdischen Ursprungs. Er soll sie „Perversion unserer gesundesten Instinkte" genannt und als „Peitsche eines Sklavenhalters" bezeichnet haben. Weiter wetterte er: „Dieses teuflische ‚Du sollst, du sollst!'. Und dieses dumme ‚Du sollst nicht!'. Es muß heraus aus unserem Blut." Spie's dahin und verkündete, dass er „gegen diese Gebote die Tafeln eines neuen Gesetzes aufrichten werde". Zum Glück saßen im Bremer Gericht kluge Leute, die entweder gottesfürchtig oder vorausschauend waren. Der Justizoberamtmann Oestmann und der Oberingenieur Dietrich vom Hochbauamt folgten zwar dem Schein nach der Anweisung von oben, die Gebote zu beseitigen, „aber sie gaben einer Baufirma hinter vorgehaltener Hand den Tipp, sie nur verschwinden zu lassen, heißt mit Betonplatten zu verkleiden", schildert Tacke. Dank des Mutes und der Weitsichtigkeit der Herren Oestman und Dietrich sind die Zehn Gebote heute noch am Gericht zu sehen. „Nach dem Krieg legte man sie einfach wieder frei", sagt Tacke.

Doch zurück zum Davidstern. Wurde auch er abgedeckt, wie die Zehn Gebote? „Nein", sagt Wilhelm Tacke. „Aber auch hier gab es einen klugen und mutigen Mann, der sich für den Erhalt einsetzte: Dechant Friedrich Hardinghaus. Der wurde von den Nationalsozialisten natürlich aufgefordert, den Stern zu entfernen. Diese Anweisung abzulehnen, war selbst 1936 schon ausgesprochen schwierig. „Doch der Dechant hatte wohl vom heimischen Bauernhof bei Osnabrück die typische Bauernschläue mitbekommen", glaubt der Historiker. „Hardinghaus hat den Nazis gesagt: ‚Natürlich kann ich den Davidstern verschwinden lassen, wie ihr wollt, aber Bremen ist eine Hafenstadt und hier gibt es jede Menge Konsuln, von denen die meisten katholisch sind. Wenn wir den Davidstern beseitigen, ist das morgen in der ganzen Welt bekannt und würde so gedeutet, dass hier die Religion unterdrückt wird. Das wollen Sie doch wohl nicht?", zitiert Tacke. Dass die Nationalsozialisten die Religion tatsächlich unterdrückten – beispielsweise durch die Verhaftung zahlreicher evangelischer Pfarrer der Bekennenden Kirche, der Gegenbewegung zu den Deutschen Christen, und auch einen katholischen Kaplan von St. Johann gefangen nahmen – ist eine andere Geschichte. „Jedenfalls wurde der Davidstern durch diese argumentative List gerettet", bilanziert Tacke. Auch wenn der Stern, wie der Historiker vermutet, nicht als Symbol des Judentums angebracht worden war – im Dritten Reich war er eben genau das. Und vielleicht hat der Davidstern ja dem einen oder anderen Bremer Juden – noch im Februar 1945 verließ der letzte Transport mit 90 Menschen die Stadt Richtung Theresienstadt – einen stillen Trost durch die Stadt geschickt.

Eva-Maria Bast

So geht's zum Davidstern:

Er befindet sich am Giebel der Westfassade der Kirche St. Johann, Hohe Straße 2. Den Stern kann man von der Balgebrückstraße aus gut erkennen.

Joachim Fischer hält die Umwidmung des einstigen Ehrenmals für eine gute Idee.

Umgestürztes Denkmal
32
Denkwürdiger Vandalismus

Immer diese Studenten! Machen nur Ärger, die jungen Leute. Sind laut, saufen sich die Hucke voll, begehen Sachbeschädigung. Feiern können sie, aber hallo! Doch wenn es um politisches Engagement geht oder um geschichtliche Bildung – dann sind sie ganz schnell weg.

Pustekuchen! Wenn es um die Vorurteile gegen den gemeinen Studenten geht, dann stimmt hier etwas nicht. Naja, bis auf die Sache mit dem Zerstören in diesem speziellen Fall, in dem es um das Mahnmal für Soldaten an der Langemarckstraße geht. Das nämlich steht direkt vor den Türen der Hochschule. Beziehungsweise: stand. Denn Studenten haben es umgekippt, wieder und wieder. Aus einem guten Grund.

Man muss, wie so häufig, einen Blick in die Vergangenheit werfen, um zu erfahren, warum. Joachim Fischer, stadtbekannter Künstler, Autor und Friedensaktivist, hat das getan. Immer wieder tritt er für Abrüstung ein und versucht dafür zu sorgen, dass die Gräueltaten der Nationalsozialisten nicht in Vergessenheit geraten. Bei der Aufarbeitung der Geschichte ist er auch darauf gestoßen, was es mit der Langemarckstraße auf sich hat. „Der Name Langemarck ist reine Propaganda", weiß Fischer zu berichten. „Im Ersten Weltkrieg gab es eine Schlacht in Flandern gegen die britische Garde. In ihr kämpften unter den Deutschen vor allem viele junge Menschen aus den Freiwilligen Bataillonen: Reservisten, die nicht richtig an der Waffe ausgebildet und kampfunerprobt waren." Am 10. November 1914 verloren sie den Kampf. Nur: Im Deutschen Reich bekam man davon nichts mit. Denn im Heeresbericht stand etwas ganz anderes. „Darin wurde von einer heldenhaften Tat gesprochen", sagt Fischer. „Die Soldaten sollen demnach das Deutschlandlied singend die Feinde besiegt haben."

> „1992 entschied sich der Beirat Neustadt dazu, das Denkmal einfach liegen zu lassen."

Ein Mythos, der nur wenig mit der Realität zu tun hatte – die Schlacht fand gar nicht in Langemarck statt, sondern kurz vor dem belgischen Bixschote. „Aber der Begriff war wohl nicht deutsch genug", mutmaßt Fischer. Trotzdem gab es in den 1920er-Jahren Langemarckfeiern, vor allem organisiert von Studentenverbänden, die den „heldenhaften, bis aufs Blut kämpfenden jungen Männern" huldigten. „Da konnten die Nationalsozialisten natürlich direkt mit ihrer Propaganda anknüpfen."

Um gerade die jungen Menschen zu erreichen, stellten NS-Anhänger 1934 direkt vor der Technischen Oberschule am Standort der heutigen Hochschule ein Ehrenmal für die Gefallenen auf. Drei Jahre später erhielt sogar der Straßenzug Meterstraße, Große Allee und Kleine Allee den Namen Langemarckstraße.

Studenten waren es dann auch, die sich Anfang der 1980er-Jahre dafür stark machten, die Langemarckstraße wieder umzubenennen. Wohl wegen der schwierigen Vergangenheit, wählte die 1982 gegründete Hochschule auch nicht die Adresse Langemarckstraße, sondern

Neustadtswall, und die Gemüter beruhigten sich wieder. Oder sagen wir: fast. Denn das Denkmal, an dem Studenten wie Professoren beinahe täglich vorbeikamen, stand ja immer noch. Und Burschenschaften legten dort sogar jedes Jahr am 10. November Kränze nieder. „Das stieß ziemlich vielen Studenten sauer auf", so Fischer. „Also stürzten sie das Denkmal kurzerhand um." Die Stadt ließ es wieder aufrichten, aber die jungen Menschen waren unermüdlich: Jedes Mal, wenn das Denkmal gerade wieder stand, lag es kurz darauf wieder auf der Seite.

„1992 entschied sich der Beirat Neustadt dazu, das Denkmal einfach liegen zu lassen", sagt Joachim Fischer. Der Beirat wurde kreativ – und machte aus dem Ehren- ein Mahnmal: Er stellte eine Tafel auf, auf der steht: *1992 wurde die jetzige Form des Denkmals geschaffen als Mahnung zum Frieden und zum friedlichen Miteinander der Menschen.*

Typisch Studenten: Sie schmeißen etwas um. Und schon heißt es, sie hätten etwas „erschaffen".

Tobias Meyer

....

So geht's zum umgestürzten Denkmal:

Es liegt direkt an der Langemarckstraße vor dem Eingang zur Hochschule, auf der rechten Seite nahe dem Park.

Fehlender Ring
Als die Straßenbahn ins Rathaus raste

Definitiv: Hier fehlt etwas. Was man allerdings nur bei genauem Hinsehen bemerkt. Stadtführerin Norma Holthusen hat das getan und festgestellt, dass die dritte Säule der Rathausarkaden, vom Dom aus gesehen, im Gegensatz zu den anderen keinen ringförmig erhabenen Abschluss am Boden hat. Dieser Umstand, erzählt sie, hängt mit einem tragischen Ereignis zusammen: „Am 28. September 1964 rammte die Straßenbahn diese Säule." Und zwar aus folgendem Grund: „Damals gab es eine Linie, die über den Domshof fuhr", erzählt sie. „Dazu musste aber eine Weiche, die sich etwa vor dem Haus der Bremer Bürgerschaft befand, per Hand umgestellt werden." So sei es auch an jenem Septembertag gewesen: Ein Fahrer wollte nach links abbiegen, die Weiche wurde entsprechend vorbereitet. „Doch kurz darauf kam eine zweite Straßenbahn, die geradeaus fahren wollte, aber die Weiche war noch nach links gestellt."

Dieser Umstand, sagt Norma Holthusen, wäre eigentlich nicht weiter schlimm gewesen, denn die Bahn wäre lediglich in eine andere Richtung gefahren. Doch genau in diesem Moment kam aus der Gegenrichtung eine andere Straßenbahn, die die erste aus den Schienen katapultierte.

Der Triebwagen bohrte sich mit einem ohrenbetäubenden Lärm in die dicht an den Schienen stehenden Rathausarkaden und riss die tragende Säule mit. Doch damit noch nicht genug: Die Bahn konnte nicht so einfach wieder aus dem Gebäude entfernt werden, da diese ja nun gewissermaßen die stützende Funktion der Säule übernommen hatte. „Die Feuerwehr hat in mehreren Stunden mühevoller Arbeit

> *„Und kurz darauf kam eine zweite Straßenbahn, die geradeaus fahren wollte, aber die Weiche war noch nach links gestellt."*

Norma Holtusen weiß, warum diese Säule, im Gegensatz zu den anderen, keinen Ring am Boden hat.

Eine Säule der Rathausarkaden ist anders als die anderen: Ihr fehlt der erhabene Ring.

um die Bahn herum ein Gerüst errichtet, um das Rathaus abzusichern. So gelang es schließlich, die Bahn aus dem Gebäude herauszuziehen."

Egon Karselow, der Mann, der am Tag des Unfalls unter den Arkaden Zeitungen verkaufte, ist mit dem Schrecken davongekommen. „Er rannte um sein Leben, als er die Straßenbahn auf sich zurasen sah", erzählt Norma Holthusen. „Diesen Moment wird er bestimmt nie vergessen." Die Bremer, sagt die Stadtführerin, haben das Ereignis mittlerweile so gut wie nicht mehr präsent. Es erinnert ja auch nichts mehr dran. Außer der Tatsache, dass die neue Säule nicht mehr mit einem Bodenring versehen wurde.

Nur ein Detail. Aber eines, hinter dem eine spannende Geschichte steckt. Wie so oft.

Eva-Maria Bast

So geht's zum fehlenden Ring:

Die Arkaden befinden sich auf der dem Marktplatz zugewandten Seite des Rathauses. Die Säule, an der der Ring fehlt, ist die dritte vom Dom aus gesehen.

Halb Autostraße, halb Fußgängerzone: Arthur Zapf in der Straße, die Anwohner damals aus Protest aufgerissen haben.

Köpkenstraße
34
Mit Spitzhacke gegen die Autobahn

Wer durch das Viertel spaziert, wundert sich. Weil hier so vieles anders ist als das, was man sonst gewohnt ist. Das liegt sicher auch an den Menschen, die hier wohnen, aber viel mehr noch an dem Umfeld. Denn das Quartier am Ostertor bricht mit allen gängigen Regeln der Stadtplanung: Hier stehen Häuser dicht an dicht, als hätte man versucht, die Fläche maximal auszunutzen. „Hat man auch", bestätigt Gästeführer Arthur Zapf. „Nachdem die Torsperre 1848 aufgehoben wurde, begannen Investoren, sich im Viertel auszutoben." Die Torsperre sorgte dafür, dass Bremer, die außerhalb der Stadtmauern wohnten und ins Zentrum wollten, Abgaben leisten mussten. Deshalb war das vorstädtische Gebiet bis dahin nur wenig entwickelt, denn wer das volle Bürgerrecht besitzen wollte, musste innerhalb der Stadtmauern wohnen – und wer sich das nicht leisten konnte, etwa Arbeiter aus zunftungebundenem Gewerbe oder Bauern,

121

lebte zum Beispiel im Bereich des heutigen Viertels, das zum damaligen Zeitpunkt sehr arm war. Nach der bürgerlichen Revolution 1848 aber änderte sich das. Investoren konnten Land kaufen, mussten es dafür aber auch entwickeln. Mussten Straßen bauen und Kanäle legen lassen, um die Häuser so an die Infrastruktur anzubinden. „Damit die Unternehmer möglichst viel Geld dabei verdienten, bauten sie die Häuser eng aneinander, sodass das Gelände optimal ausgenutzt war." Gärten zum Beispiel bemaß man nur wenig Wert bei.

Früher war die Straße an dieser Stelle durchgängig – bis Anwohner sie 1973 aufrissen.

Wer durch das Viertel spaziert, der wundert sich auch an ganz bestimmter Stelle. Am Eingang zur Köpkenstraße nämlich. Dort bricht die Fahrbahn plötzlich ab, die Straße aber führt weiter: In der Mitte stehen Bäume und Sitzgelegenheiten und es ist viel Platz zum Spazieren. Eine echte Fußgängerzone – Bremens erste.

Wie es dazu kam? Nun, es gab in den 60er-Jahren eine umstrittene Stadtplanung, die vorsah, einen Autobahnring um die Bremer Innenstadt zu bauen. Ein Tangentenviereck, dessen östliche Seite 120 Meter breit sein und direkt dort verlaufen sollte, wo sich die Mozartstraße befindet. Deswegen sollte sie auch Mozarttrasse heißen – ein Triggerwort, das heute noch bei den meisten Bremer Kopfschütteln ob des Unverständnisses für die verkehrspolitische Planung auslöst. „Um die Innenstadt verkehrsfrei zu halten, hätten 90 Prozent des Ostertorviertels für die Trasse und geplante Hochbebauung weichen müssen", sagt Zapf. Und damit nahezu die komplette Gegend, die heute zu den buntesten und belebtesten der Stadt zählt.

Trotzdem wurde die Mozarttrasse am 4. November 1973 in der Bremischen Bürgerschaft beschlossen – nur um am nächsten Tag wegen des knappen Abstimmungsverhältnisses wieder rückgängig gemacht zu werden. Bei einer erneuten Abstimmung an diesem 5. November 1973 kam es dann genau zum gegenteiligen Ergebnis – hier wurde ordentlich Überzeugungsarbeit geleistet.

Nun aber bekamen die Anwohner der Köpkenstraße Angst: Wenn der Verkehr nicht über die Tangente geführt wird, musste er ja schließlich woanders entlang – und zwar, so erste Ideen, auch durch die Köpkenstraße. „Doch die Bremer, die in dieser Ecke ein ruhiges Wohnen gewohnt waren, wollten auf gar keinen Fall Blechlawinen durch ihre Straße rollen sehen", sagt Zapf. Also protestierten sie gegen die Planungen, besorgten sich eine Genehmigung vom Beirat, und griffen dann selbst zur Spitzhacke, um ein Zeichen zu setzen. „Sie rissen ihre Straße auf, sodass kein Auto mehr passieren konnte", so Arthur Zapf. In die Mitte des Weges pflanzten sie demonstrativ Bäume und stellten Bänke auf. „Danach wurde ein großes Straßenfest gefeiert", erzählt der Gästeführer. „Zu dem soll auch der damalige Verkehrssenator ein Fass Bier mitgebracht haben."

> *„Um die Innenstadt verkehrsfrei zu halten, hätten 90 Prozent des Ostertorviertels für die Trasse und geplante Hochbebauung weichen müssen."*

So kam es, dass Bremen 1973 seine erste von Bürgern geschaffene Fußgängerzone bekam. Die viel diskutierte Verkehrsplanung wurde schließlich verworfen – ganz ohne Ersatz. In der Köpkenstraße liegt übrigens auch das Tischlereimuseum: Eine alte Werkstatt, die von außen winzig klein aussieht. Doch steht man erst einmal drin, dann ist man erstaunt, welch große Maschinen hier Platz finden und wie ausgetüftelt alles ist. Wie gesagt: Im Viertel kann man sich wundern.

Tobias Meyer

So geht's zur Köpkenstraße:

Die Straße verläuft parallel zum Ostertorsteinweg und geht von der Straße Am Paulskloster ab.

35

Stele
Von Bischöfen und einstürzenden Türmen

„Man kann sich das gar nicht mehr vorstellen", sagt Katharina Rosen und blickt sich auf dem großen leeren Platz um, „dass hier einmal eine Kirche, die Ansgarii-Kirche, gestanden hat. Die höchste in Bremen – ihr Turm war höher als der Dom und hat das Stadtbild geprägt: 118 Meter."

Mit dem Bau der gotischen Pfarrkirche wurde wohl 1229 begonnen, 1243 wurde sie geweiht. Doch schon ein Jahr nach der Weihe stürzte der Halbkreis-Chor ein, stattdessen wurde ein rechteckiger Chor erbaut. Ende des 14. Jahrhunderts entstand der Westturm, und das Schiff wurde zu einer Hallenkirche umgebaut. Und in der ersten Hälfte des 15. Jahrhunderts errichtete man an der Südseite die Ansgarii-Kapelle.

Der Platz, auf dem die Stadtführerin heute steht, war schon damals leer – er gehörte zur Kirche. „Das Gotteshaus stand dort, wo sich heute das Einkaufszentrum befindet. Nichts erinnert mehr an die Kirche", bedauert Katharina Rosen. „Wobei, das stimmt nicht ganz: Später wurde diese Stele aufgestellt." Sie deutet auf eine hohe Säule am Rande des Platzes. „Sie soll an die Kirche erinnern. Leider weiß das kaum einer, die meisten Passanten achten beim Stadtbummel nicht darauf."

Die Säule ist dem heiligen Ansgar (um 801–865) gewidmet, dem die Kirche geweiht war. „Bischof Ansgar vom Erzbistum Hamburg mit Sitz in Bremen hatte es sich zur Aufgabe gemacht, in Skandinavien Missionsarbeit zu leisten", erzählt Katharina Rosen. „Deshalb ziert die Säule auch ein Schiff, das den Glauben in Form eines aufgeschlagenen Buchs, der Bibel, nach Norden, nach Skandinavien bringt." Ein erstes Ansgar-Denkmal wurde zum 1000. Todestag

> *„Bischof Ansgar vom Erzbistum Hamburg mit Sitz in Bremen hatte es sich zur Aufgabe gemacht, in Skandinavien Missionsarbeit zu leisten."*

Katharina Rosen blickt zur Stele am Rande des Platzes herüber.

Das Denkmal für den heiligen Ansgar erinnert gleich an mehrere Ereignisse.

des Bischofs 1865 nach einem Entwurf des Bremer Bildhauers Carl Steinhäuser (1813-1879) aufgestellt. Es handelte sich um eine Marmorgruppe auf einem Sandsteinsockel. Die jedoch wurde im Zweiten Weltkrieg zerstört – wie die Ansgarii-Kirche, deren Fundament 1943 eine Sprengbombe traf. „Dadurch wurde die Stabilität der Kirche in Mitleidenschaft gezogen." Am 1. September 1944 stürzte der Turm, der Bremens Silhouette geprägt hatte, in sich zusammen und fiel auf das Ansgar-Denkmal. „Schauen Sie mal hier", sagt Katharina Rosen und geht zur Südostecke des Platzes, in dem eine Platte eingelassen ist. „Hier stand der Turm früher. Er diente Carl Friedrich Gauß als trigonometrischer Vermessungspunkt." Die Ansgarii-Gemeinde fand 1948 in der Hollerallee in einer Baracke ein provisorisches Zuhause. „Das Gebäude wurde schnell zu klein, also entschied man sich für einen Neubau, der 1957 geweiht wurde."

Und die heutige Stele auf dem Ansgariikirchhof? „Erst 1965 wurde die Bronzeskulptur durch Kurt-Wolf von Borries (1928-1985) aufgestellt. An seinem 1100. Todestag erhielt der heilige Ansgar, sogenannter Apostel des Nordens, sein heutiges Denkmal. Übrigens war die Ansgarii-Kirche auch der Ausgangspunkt der Reformation in Bremen: „Am 9. November 1522 kam der holländische Augustinermönch Heinrich von Zütphen nach Bremen und predigte in dieser Ansgarii-Kirche die lutherische Auslegung der Bibel", sagt Rosen. Doch das ist ein weiteres Geheimnis, das wir auf Seite 65 erzählt haben.

Eva-Maria Bast

So geht's zur Stele:

Sie steht unübersehbar auf dem Ansgariikirchhof.

Hermann Kopp, besser bekannt als Matjes-Hermann, vor dem Schild am Einkaufszentrum Blockdiek, das auf sein ehemaliges Fischgeschäft hinweist.

36

Firmenlogo
Wie der holländische Matjes nach Bremen kam

Drei kleine Fische. Der in der Mitte schwimmt nach links, die anderen beiden nach rechts. Sind sie ein Erkennungszeichen, wie bei den frühen Christen? Oder ein Hinweis auf eine geheimnisvolle Vereinigung? Ein paar Schritte näher heran, dann gibt ein blauer Schriftzug einen ersten Hinweis. Bremer Seefischhandel. Nur: Nach Fisch riecht es hier auf dem Parkplatz hinter dem Einkaufszentrum Blockdiek nicht. Und auch sonst deutet hier nichts auf ein Fischgeschäft hin. Hermann Kopp grinst: „Das haben sie damals vergessen abzunehmen", sagt er. Und so erinnert es noch heute an ein ganz besonderes Bremer Original.

Mehr als 30 Jahre lang war das Geschäft eine der ersten Anlaufstellen für alle, die frischen Fisch kaufen oder über Gott und die Welt diskutieren wollten. „Ein richtig familiärer Treff", sagt Inhaber Hermann Kopp, der 2009 in Rente ging. Dort, wo einst sein Laden war, ist heute nur noch eine zugeklebte Schaufensterfläche. Auf dem Lageplan am Eingang des Einkaufszentrums wurde der Name entfernt: Neben der Nr. 14 klafft die einzige Lücke in der Liste.

Nun ist Hermann Kopp nicht irgendein Fischhändler von Bremen. Er ist vielmehr eine lokale Berühmtheit. Sein Bild ist seit Jahrzehnten regelmäßig in den Medien, vor allem im Sommer. Dann sieht man ihn mit einem Holzfass auf der Schulter und einem roten Halstuch auf dem Marktplatz oder an der Schlachte. Denn der 71-Jährige ist Matjes-Hermann. Der Mann, der den Bremern den echten holländischen Matjes brachte.

Ein Treffen bei ihm und seiner Frau Doris zu Hause. An den Wänden hängen Bilder von Fischen und Kuttern und andere maritime Motive. Auf dem Sofa liegen Kuscheltierfische, im Schrank stehen Modelle holländischer Holzkarren. Das Ehepaar liebt die See und den Fisch, da gibt es keinen Zweifel. Und der Fisch ist es auch, der sie ihr ganzes Leben schon begleitet.

Die gemeinsame Geschichte der beiden reicht weiter zurück als bis zur Gründung des Bremer Seefischhandels. Denn Doris Kopp kannte ihren Mann schon, da war er noch nicht Matjes-Hermann. Als Teenager angelte die heute 60-Jährige mit ihrem Vater an der Hamme, wo Hermann Kopp sie zum ersten Mal sah. „Das erzählt er immer – aber ich kann mich daran nicht erinnern", sagt sie lachend. „Nun ja, ist aber so", meint ihr Mann.

Richtig kennenlernten sie sich dann aber bei F. L. Bodes im Fischladen: Beide arbeiteten dort als Aushilfen, und es dauerte nicht lange, bis es funkte. Und eines Tages, nach Feierabend, verlobten sich die beiden im Geschäft. Der Fisch, er sollte nicht nur diesen Moment vor mehr als 40 Jahren prägen, sondern ihr ganzes Leben.

Als sie Ende der 70er-Jahre hörten, dass in Blockdiek ein Laden zur Verfügung stehe, starteten sie kurz darauf in die Selbstständigkeit. Das Geschäft war zunächst mühsam, denn die beiden hatten sich ein ganz spezielles Ziel gesetzt: „Wir wollten die Bremer von dem kleinen holländischen Matjes überzeugen", sagt Hermann Kopp. Die Bremer aber, die waren an den großen, langen Fischen interessiert, die hielten nichts von den vergleichsweise mickrigen Filets. „Dabei sind die Exemplare mit 60 bis 70 Gramm die leckersten." Um das so vielen

Menschen wie möglich schmackhaft zu machen, ließen die Holland-Fans einen Holzkarren nach niederländischem Vorbild bauen, mit rot-weißer Markise und Rädern, und stellten sich mitsamt dem Gefährt auf den Kajenmarkt.

Jeden Freitagabend, zehn Jahre lang, fuhren sie in der Saison zwischen Mai und Ende September los und bauten den Stand auf. Am nächsten Morgen dann, um fünf Uhr früh, schälte sich Hermann Kopp aus dem Bett, legte sich das rote Tuch um den Kragen seines Matrosenhemds und verschnürte es mit einem kleinen handgeschnitzten Holzschuh. Verlud den frischen Fisch aus seinem Laden ins Auto und wartete auf die ersten Kunden. „Friiiischer Maatjes!", rief Hermann Kopp am Anfang noch, doch schnell zeigte sich: Werben brauchte er nicht, denn der gute Geschmack sprach sich herum. Und schon bald bildeten sich lange Schlangen vor dem Holzkarren, und die kleinen Doppelfilets wanderten zu Tausenden am Tag über den Tresen. „Einmal kam ein Schwabe und aß am Stand 16 Matjes", erinnert sich Hermann Kopp, der selbst von der Schwäbischen Alb stammt und mit sechs Jahren nach Bremen kam. „Da mussten wir anschließend einen Krankenwagen rufen."

War der Matjes zu dem Zeitpunkt einzigartig, so war es der Name seines Überbringers jedoch nicht: Hermann hießen viele, allein auf dem Kajenmarkt waren einige anzutreffen. Fischhändler Peter Koch-Bodes nannte Kopp deshalb der Einfachheit halber immer „Matjes-Hermann" – und weil das eben passte. Wenn Koch-Bodes an den Stand kam, dann rief er Kopp so, und schnell taten

In dieser Passage hatte das Bremer Original seinen Laden.

es ihm die ersten Kunden gleich. Und schon kurze Zeit später war der Rufname nicht mehr nur eine zweckmäßige Bezeichnung, sondern eine Art Marke, die man sogar in Holland kannte. „Ich konnte mich damals gar nicht so recht mit dem neuen Spitznamen anfreunden", gibt Hermann Kopp zu. „Stimmt", sagt seine Frau, „du hast immer gesagt: Hermann, ich heiße Hermann, nicht Matjes-Hermann!"

Doch als Matjes-Hermann ist Hermann Kopp zu einer lokalen Berühmtheit geworden, auch weil sein Gesicht stets mit dem neuen Matjes in Verbindung gebracht wird: Jedes Jahr eröffnet er die Saison auf dem Marktplatz oder an der Schlachte. Fotos, die er in einer alten Hummerkiste aufbewahrt, zeigen ihn mit Präsidenten, Bürgermeistern und anderen Prominenten. Doris Kopp wirbt dann immer in holländischer Tracht vor dem Fischgeschäft F. L. Bodes am Schüsselkorb, in dem sie mittlerweile wieder arbeitet, für den Hering.

Kann Kopp Matjes denn überhaupt noch sehen? „Na klar!", sagt er. „Matjes ist und bleibt mein Lieblingsfisch." Kopp steht auf und geht in die Küche nebenan. Es klappert kurz, dann kommt er zurück, in der Hand ein Matjes-Doppelfilet aus dem Kühlfach. Zwei bis drei Mal die Woche holt er sich den holländischen Fisch aus seinem Vorrat und isst ihn am liebsten auf Schwarzbrot mit Butter und Spiegelei.

Vom Fisch kann er auch sonst noch nicht ganz lassen: Immer dienstags und donnerstags fährt er zum Markt und filetiert Fische am Stand von F. L. Bodes. „Moin Matjes-Hermann!", rufen die Alteingesessenen dann und wundern sich, warum der Mann mit dem dicken Schnauzer noch immer hinter der Theke steht. Aber für jemanden wie ihn, der die See und den Fisch liebt, stellt sich die Frage gar nicht.

Und irgendwann, wenn Hermann Kopp auch als Matjes-Hermann in Rente gegangen ist, werden Menschen vor dem alten Schild am Einkaufszentrum Blockdiek stehen und von dem Mann mit dem Schnauzer und roten Halstuch erzählen, der mit vermeintlich mickrigen Heringen zur lokalen Berühmtheit wurde. Und dann werden sie von dieser Geschichte als echtes Bremer Geheimnis hören.

Tobias Meyer

So geht's zum Firmenlogo:

Der Standort des ehemaligen Fischladens ist die Passage des Einkaufszentrums Blockdiek an der Max-Säume-Straße 21. Das Schild mit dem Fisch-Logo befindet sich ungefähr in der Mitte auf der Rückseite des Gebäudes zum Parkplatz hin.

Geld stinkt nicht, befand einst Kaiser Vespasian.

Steinköpfe
Kaiserlicher Verweis auf eine Toilette

Pecunia non olet: Geld stinkt nicht. Dieser Meinung war zumindest der römische Kaiser Vespasian (9-79) und führte eine Latrinensteuer ein, verdiente also mit Urin Geld. Das ging übrigens auch noch auf andere Weise: Im alten Rom gab es zahlreiche – pardon – Pipivasen, man könnte auch Urinlatrinen sagten. Die standen bevorzugt auf belebten Straßen und Kreuzungen und verschafften nicht nur jenen Erleichterung, die dringend mal mussten, sondern sorgten auch für saubere Wäsche und gegerbtes Leder: Waren die Vasen voll, wurden sie von Urinsammlern dorthin gebracht, wo man den Inhalt gut gebrauchen konnte: in Wäschereien oder Gerbereien. Das Ammoniak half, sowohl Flecken aus Kleidung zu entfernen als auch Leder zu gerben.

Und nun kam also Kaiser Vespasian und führte eine Latrinensteuer ein, um seine Staatskasse zu füllen.

Aber was hat das alles mit Bremen zu tun? Ganz einfach: Am Rathaus, an der Seite, die der Kirche Unser Lieben Frauen zugewandt ist, hängt eine Büste eben jenes Kaisers über einem großen Fenster. Daneben befinden sich noch zwei weitere Büsten: die seiner Frau Domitilla und die seines Sohnes Titus (39-81). Wilhelm Tacke, profunder Kenner des Bremer Rathauses, hat sich lange gefragt, was es mit diesen Büsten auf sich hat. „Ich dachte eigentlich, dass hier früher möglicherweise Wein verkauft wurde. Der Weinkeller ist ganz in der Nähe und heute wird hinter den Fenstern ja wirklich Wein verkauft", erzählt er. Gepasst hätte es: römische Kaiser genossen gern mal ein edles Tröpfchen. Doch die Sache ließ ihm keine Ruhe, und wenn Wilhelm Tacke etwas herausfinden will, dann gelingt ihm das auch.

Er stieß auf alte Pläne von 1913, in denen die Räume, über deren Eingang sich die Büsten befinden, als öffentliche Toiletten eingezeichnet sind. Er vermute, sagt Wilhelm Tacke, dass der Baumeister des Rathauses, der humanistisch gebildete Gabriel von Seidl (1848-1913), sich in Kenntnis der römischen Geschichte einen Scherz machen und gleichzeitig auf die Latrinensteuer verweisen wollte und deshalb die Büsten über den Zugängen anbrachte. Dass auch Titus als Büste dargestellt ist, ist für ihn schlüssig: „Titus hat seinen Vater damals

Auch de Büsten von Domitilla und Titus schmücken das Rathaus.

kritisiert, nach dem Motto: Das fehlte ja gerade noch, dass du auch noch aus Scheiße Geld machst." Vespasian habe ihm daraufhin die ersten so eingenommenen Steuergelder unter die Nase gehalten und gefragt, ob er den Geruch als unangenehm empfinde, "sciscitans num odore offenderetur". Als Titus dies verneinte, habe Vespasian jenen mittlerweile berühmten Satz entgegnet: Pecunia non olet – Geld stinkt nicht.

"Pecunia non olet – Geld stinkt nicht."

Wilhelm Tacke fügt hinzu: "Ich vermute, dass der Toilettengang im Bremer Rathaus gebührenpflichtig war. Und die Gemahlin des Kaisers macht wohl klar, es gab auch eine Damentoilette."

Der Urin der Bremer wurde nach der Fertigstellung des Rathauses im Jahr 1913 wohl nicht mehr zum Gerben verwendet.

Übrigens: Öffentliche Toiletten in Italien tragen heute noch den Namen Vespasiani.

Eva-Maria Bast

So geht's zu den Steinköpfen:

Sie hängen an der Seite des Rathauses, die der Kirche Unser Lieben Frauen zugewandt ist.

38

Domtür

Der edle Spender im Hintergrund

Die Ähnlichkeit ist nicht zu übersehen. Betrachtet man die Tür des Nordturms am Dom genauer und widmet seine Aufmerksamkeit dabei dem linken Flügel, kann man ihn erkennen: Da steht, wenn auch im Hintergrund, ein Mann mit Geldbeutel und Hammer in der Hand. Anders als die anderen Figuren, die hier dargestellt sind, blickt er aus dem Bild heraus, schräg über den Marktplatz. „Und jetzt schauen Sie mal hier", sagt Stadtführer Guido Klostermann und ruft auf seinem Smartphone ein Bild von Franz Ernst Schütte auf. „Das ist doch ganz eindeutig, oder?" Absolut. Der gleiche Bart, die gleiche Kopfform, der gleiche Gesichtsausdruck. Ohne Frage. Der Mann auf der Domtür ist Franz Ernst Schütte (1836-1911). Ein großer Sohn der Stadt, ohne den es viele Einrichtungen, Parks und Gebäude nicht gäbe.

Der findige Bremer Unternehmer ist durch den Ölhandel reich geworden – was ihm den Namen Petroleumkönig einbrachte. „Schütte war Chef des bedeutendsten Ölunternehmens in Deutschland", verdeutlich Guido Klostermann. „Gemeinsam mit seinem Bruder und dem Spediteur Wilhelm Anton Riedemann schloss er sich 1890 der Standard Oil Company des Rockefeller-Konzerns an und gründete die Deutsch-Amerikanische Petroleum-Gesellschaft, DAPG."

Doch Öl war nur *ein* Geschäftszweig von Schütte, auch im Schiffsbau brachte er sich ein – zum Beispiel war er der erste Aufsichtsratsvorsitzende der bis 1997 bestehenden Bremer Vulkanwerft. „Schütte war in vielen wichtigen Vereinigungen Mitglied oder sogar Vorstandsmitglied. Vor allem aber war er sehr spendabel", sagt Guido Klostermann. „Er stiftete den Botanischen Garten und zahlreiche Denkmäler, brachte sich beim Erweiterungsbau des Rathauses ein. Großzügig unterstützte er den Bürgerpark und den Stadtwald sowie die Restaurierung des Doms." Ende des 19. Jahrhunderts entschloss man sich zu einer großen Sanierung unter der Leitung des Dombaumeisters Max

Gudio Klostermann weiß: Auf dieser Tür ist ein großer Mäzen Bremens abgebildet.

Ein bescheidener Gönner: Franz Schütte ist als Zweiter von rechts dargestellt, zwischen Künstler Peter Fuchs (rechts) und Architekt Max Salzmann (links).

Salzmann (1850-1897). „Die Neugestaltung der Türme war dabei ein ganz entscheidender Part", sagt Klostermann.

Das erkläre auch, warum Schütte auf der vom Kölner Künstler Peter Fuchs geschaffenen Tür des Nordturms abgebildet ist. Fuchs stellt den Mäzen mit einer Geldbörse dar, außerdem hält er einen Hammer in der Hand. „Das soll sowohl seine Spendierfreude als auch seine Bautätigkeit symbolisieren."

Übrigens ist Schütte nicht die einzige weltliche Figur, die inmitten der alttestamentarischen Abbildungen dargestellt ist: Links neben ihm ist der Dombauarchitekt Max Salzmann zu sehen, und rechts hat Peter Fuchs sich selbst abgebildet.

Aber warum stellte Peter Fuchs Schütte so versteckt dar? „In seiner Eigenschaft als Stifter wollte Schütte nicht zu sehr im Vordergrund stehen", erklärt der Stadtführer. „Er war ein Anhänger des Mottos: Tue Gutes und schweige. Also wurde Schütte in einer Art und Weise geehrt, die es ihm ermöglichte, im Hintergrund zu bleiben. So versteckt, dass die Bremer selbst lange Zeit nicht wussten, wer diese Figur ist." Schütte blickt aus dem Bild heraus – weg von dem Ort seiner Ehrung. In Richtung Rathaus, Bremische Bürgerschaft, Marktplatz und vor allem zum Schütting, dem Haus der Kaufleute. Mitten hinein ins Bremische Leben, das er maßgeblich mitgeprägt hat.

Eva-Maria Bast

So geht's zur Domtür:

Die Domtür mit der Abbildung Franz Schüttes ist die Tür des Nordturms. Die Abbildung befindet sich am linken Türflügel in der fünften Reihe von unten.

Ratskellermeister Karl-Josef Krötz auf der Bank beim Neptunbrunnen auf dem Domshof.

Domshof-Bank
Notausgang für eine Wein-Schatzkammer

Geheimnisse kann man auf dem Domshof-Markt erfahren. Da wird geplaudert und getratscht, wenn die Händler Obst und Gemüse an ihre Kunden reichen, weniger über Gott, aber viel über die Welt und das Wetter natürlich. Nicht wenige Marktbesucher müssen nach all dem Klönschnack erst einmal einen Moment verweilen, und weil die vielen frischen Waren Appetit machen, gibt es dazu einen Teller Linsensuppe, das hat Tradition. So sitzen sie dort, um sie herum die vielen Stände, den Blick auf den Neptunbrunnen gerichtet, an dem die Kinder spielen und die Pärchen turteln. Wer auf der Bank sitzt, wird wohl kaum vermuten, dass es direkt darunter weit hinab in die Tiefe geht. Und dass diese Bank quasi der Hinweisgeber ist auf eine Schatzkammer, deren Inhalt von so hohem Wert ist, dass die ganze Welt von ihm spricht. Aber eins nach dem anderen.

Bei genauerem Betrachten des Bankbodens wird dem aufmerksamen Beobachter auffallen: Zwischen all den Pflastersteinen befindet sich eine Fuge. Sie führt einmal um die Bank herum, nahtlos, und bildet ein großes Rechteck. Nun braucht man zunächst etwas Fantasie, um sich das folgende Szenario vorzustellen: Ab und an erhebt sich die Bank mitsamt Boden. Fährt langsam in die Höhe, schiebt sich aus den Fugen und kippt dann zur Seite. Ein faszinierendes Schauspiel, das aber selten Zuschauer findet. Denn die Bank bewegt sich nur einige wenige Male im Jahr. Aber wenn sie es tut, gibt sie den Blick frei auf den Schatz, der unter dem Domshof verborgen liegt: der Ratskeller.

So wie jetzt. Die Bank wird auf Knopfdruck mechanisch auf die Seite gekippt, zwei schwere Eisengitter werden hochgeklappt, und dann geht es über die Betontreppen sechs Meter unter den Domshof. Durch einen Lagerraum führt der Weg unterirdisch weiter Richtung Rathaus, und plötzlich steht man inmitten riesiger Fässer. 145 sind es, in mehreren Reihen auf zwei Ebenen liegen sie übereinander. Es duftet nach altem Holz. Manche der Fässer von 1952 haben einen grünen Ring, andere einen roten. „Die Farben zeigten früher an, ob in den Fässern roter oder weißer Wein gelagert wurde", erklärt Ratskellermeister Karl-Josef Krötz. „Heute werden sie nicht mehr für die Lagerung genutzt." Er ist auch der Mann mit dem Schlüssel zur Schatzkammer. Außer ihm und dem Bürgermeister hat niemand Zugang.

Nur zwei Menschen haben den Schlüssel zur Schatzkammer: der Ratskeller- und der Bürgermeister.

Der Bremer Ratskeller ist aus einer langen Weintradition der Hansestadt gewachsen. Bereits Mitte des 14. Jahrhunderts besaß die Stadt das Privileg, Wein von Rhein und Mosel auszuschenken. Nur vom Rat berufene Weinherren durften den edlen Tropfen verkaufen, was vor allem den Vorteil hatte, dass der Preis kontrolliert und die Steuern überwacht werden konnten. Händler und Gastwirte mussten also ihren Wein im sogenannten Stadtweinkeller einlagern. Um 1400 herum plante Bremen ein neues Rathaus: berief alle Einwohner mit Bürgerrecht auf die Bürgerweide, maß den Platz, den die Menschen einnahmen und legte diese Zahlen der Anfertigung der oberen Rathaushalle zugrunde, damit sie – wenn es einmal die Gelegenheit geben würde – auch tatsächliche alle in den Raum passten.

Viel interessanter aber für diese Geschichte ist, was unter dem Rathaus entstand: der neue Stadtweinkeller. „Dort konnte man zunächst nur zwischen zwei Weinen wählen", sagt Krötz. „Dem gemeinen und dem besseren." Heute, mehr als 600 Jahre später, ist der Bremer Ratskeller hingegen für seine große Auswahl bekannt. Das Sortiment mit mehr als 1150 Sorten deutschen Weins ist nach eigenen Angaben das weltweit größte seiner Art, und gleichzeitig lagert dort auch einer der ältesten Weine der Bundesrepublik: der Rüdesheimer Rose-Wein. Der heißt nicht etwa so, weil jemand den Akzent vergessen und es sich bei dem edlen Tropfen eigentlich um Rosé-Wein handelt, sondern weil er im sogenannten Rosekeller gelagert wird.

Dazu muss man wissen: Der Ratskeller, der sich mit seinen 5000 Quadratmetern unterirdisch vom Rathaus über den Liebfrauenkirchhof bis zum Domshof erstreckt, ist in unterschiedliche Abschnitte aufgeteilt. Der vordere Teil, ein dreischiffiges, von Säulen gestütztes Gewölbe, wird heute als Gastronomie genutzt, wobei die sechs holzvertäfelten Separees, die sich der Privatsphäre halber schließen lassen und früher deshalb von den Kaufleuten für Geschäftsgespräche gebucht wurden, noch immer an Ort und Stelle befinden – genauso wie die vier großen Prunkfässer an der Nordseite des Kellers, die theoretisch Platz für mehr als 37.000 Flaschen Wein bieten, aber heute nicht mehr der Lagerung dienen.

Dann gibt es unter anderem noch den Hauffsaal, benannt nach dem Schriftsteller Wilhelm Hauff. Der hat dem Etablissement mit „Phantasien im Bremer Ratskeller – Ein Herbstgeschenk für Freunde des Weins" 1826 eine ganze Novelle gewidmet, in der es unter anderem begeistert heißt: „Was seid ihr, Trauergewölbe und Grüfte alter Königshäuser, gegen diese Katakomben!" Er widmet sich im Folgenden dann vor allem dem Rose- und Apostelkeller.

Der Name ist zurückzuführen auf die zwölf Eichenfässer im Apostelkeller, der nach Wein und Holz duftet und bei Begehungen nur spärlich vom Kerzenschein beleuchtet wird. „Die Fässer sind nach den Jüngern Jesu benannt und mit Rheinweinen aus dem 17. und 18. Jahrhundert gefüllt", erklärt Krötz. Der Wein, der Duft – all das zähle zum Unesco-Weltkulturerbe, zu dem das Rathaus ernannt wurde, und sei sogar im dazugehörigen Protokoll festgehalten.

In dem unterirdischen Gewölbe kamen einst die Ratsherren zusammen, wenn sie etwas Vertrauliches besprechen wollten – bis 1807 waren sie die einzigen, die den Raum betreten durften. Das Gespräch fand „sub rosa" statt, also „unter der Rose". Diese Redewendung hat sich bis heute gehalten: Man benutzt sie, wenn etwas geheim bleiben soll. Im Rosekeller aber war es wortwörtlich so, denn an der Decke des Gewölbes ist eine Rose abgebildet. Und weil besonders guter Wein mit der Königin der Blumen, der Rose, bezeichnet wurde, steht direkt darunter, auf einer kleinen Empore: das Rosefass mit dem Rüdesheimer Wein aus dem Jahre 1653, der älteste Fasswein Deutschlands. Niemand darf ihn trinken, außer dem Ratskellermeister und dem amtierenden Bürgermeister. Letztere sollen aber schon lange nicht mehr von diesem Vorrecht Gebrauch gemacht haben, dafür allerdings das Staatsoberhaupt eines anderen Landes: Queen Elizabeth II. (geb. 1926) probierte bei ihrem Besuch 1978 einen Fingerhut des Rüdesheimers. 2014 hätte der Bremer Ratskeller zudem beinahe einmal eine Flasche des edlen Tropfens an einen Chinesen verkauft, der dafür 150.000 Euro geboten haben soll. Doch als der Preis öffentlich wurde, zog der Weinsammler das Angebot zurück.

Ein seltener Anblick: der geöffnete Notausgang, der zur Schatzkammer hinabführt.

An anderer Stelle im Bremer Ratskeller, in der Kellerei, verkostet Karl-Josef Krötz im Jahr circa 3000 aktuelle Weine und wählt aus ihnen die besten 150 eines Jahrgangs. Nur sie dürfen den Namen des Bremer Ratskellers auf ihrem Etikett tragen. Und die wertvollsten Weine aus den

13 deutschen Anbaugebieten werden in einigen wenigen Flaschen in die Schatzkammer gebracht. Sie liegt ganz am Ende des letzten Quergangs des Fasskellers hinter verschlossenen Türen, aber einsehbar: Die eingesetzte zweiflügelige Windfangtür stammt aus einer alten Villa. Das Glas wurde entfernt, und der Worpsweder Maler Walter Müller verzierte sie mit metallenen Ranken, an denen Trauben hängen. Schummriges blaues Licht fällt auf die Regale des schmalen, aber immerhin 26 Meter langen Raumes, und in den einzelnen Fächern liegen sie: die wertvollsten Flaschenweine, die jemals gekeltert wurden. Der älteste datiert zurück ins Jahr 1727. „Wir lagern hier allein über 200 verschiedene Trockenbeerenauslesen", betont Krötz, „und von heute bis 1940 ist die Auswahl sogar lückenlos." Die Sammlung hätte noch weiter zurückreichen können, doch weil die Amerikaner nach dem Krieg im Ratskeller ihre „GI Joe's Bar" einrichteten, gingen viele Tausend Flaschen Wein verloren.

Weil sich für das Phänomen Bremer Ratskeller so viele Menschen interessieren und es im Jahr mittlerweile über 500 Führungen durch die unterirdischen Katakomben gibt, musste sich der Weinhandel darauf einlassen, 2006 einen Notausgang anzulegen. Und nun kommen wir zurück zum Anfang der Geschichte: die Bank. Wollte der Ratskeller ursprünglich ein Tunnelsystem quer unter dem Domshof hindurch bis zum gläsernen Café am Schüsselkorb bauen, entschieden sich die Verantwortlichen dann doch für den kurzen Weg. Eine Treppe sollte nach oben führen, der Aufgang die Gestaltung des Domshof-Marktes aber nicht weiter stören. Also baute man den Notausgang kurzerhand unter die große Bank neben dem Neptunbrunnen. Aber keine Sorge: Ein lautes Signal wird als Warnung ausgesendet, bevor die Bank sich mitsamt der insgesamt fünf Tonnen schweren Bodenplatte in Bewegung setzt – und den Weg freimacht zur Schatzkammer, eines der wertvollsten Weindepots der Welt.

Tobias Meyer

So geht's zur Domshof-Bank:

Die Bank steht auf dem Domshof direkt neben dem Neptunbrunnen.

Gästeführer Arthur Zapf vor dem Vasmer-Kreuz.

40

Steinkreuz
Zu Unrecht geköpft

Zum Glück kennt sich Stadtführer Arthur Zapf im Viertel aus und bleibt rechtzeitig stehen – sonst würde man das steinerne Kreuz, das sich dicht an einer Hauswand zwischen Bäumen und Büschen befindet, glatt übersehen. Direkt vor der Fassade der Hausnummer 10 erinnert es an die tragische Geschichte von Johann Vasmer (um 1365-1430).

1422 wurde er zum Bürgermeister Bremens ernannt. Eine schwierige Zeit: Sein Amtskollege, Bürgermeister Herbort Duckel (gest. 1431), hatte nach einem Überfall der verbündeten friesischen Häuptlinge Sibet von Rüstringen und Ocko tom Brok mit 4000 Mann gerade widerstandslos das städtische Gebiet Elsfleth an die Friesen übergeben.

Den Bremern passte dieser kampflose Abtritt des Territoriums gar nicht, also wurde Duckel 1424 gestürzt. Weil er für die vorangegangenen Friesenkriege Anleihen bei der Stadt aufgenommen hatte und die Schulden nicht bezahlen konnte, floh Duckel mit einigen Ratsherren nach Stade. Und Bremen? Gab sich eine neue Ratsordnung. „Nun muss man wissen: Die Handelsgemeinschaft Hanse verteidigte die alte Ratsordnung seit 1375 gegen jeden Umsturz", erzählt Zapf. „Weil Bremen nach dem Sturz Duckels aber eine neue Ratsordnung wählte, entschied sich die Hanse, Bremen aus dem Bündnis zu schmeißen."

Duckel, der in Stade Verbündete fand, entschloss sich in der Zwischenzeit, Bremen vor dem Reichskammergericht zu verklagen, weil er aus dem Rat gestoßen wurde. Also schickte das Gericht Botschafter, die vermitteln sollten. Die Gesandten allerdings wurden von den Bremern kurzerhand umgebracht, oder man brach ihnen alle Beine. „Deswegen wurde 1427 die Reichsacht über Bremen verhängt", hat Zapf herausgefunden.

Bürgermeister Vasmer konnte sich mit dem neuen, durch die Mehrheit im Rat erzwungenen Stadtrecht nicht anfreunden und verließ Bremen im Mai 1430. „Er wollte sich wohl mit den anderen geflohenen Ratsherren in Stade verbünden", vermutet Zapf. Doch schon im Juni nahmen ihn Gesandte der Stadt Bremen nahe Rekum gefangen. Zapf: „Sie stellten ihn vor ein Gericht unter dem zweiten Torbogen des Rathauses und verurteilten ihn zu Tode wegen Hochverrats." Anschließend wurde er auf dem Mühlenberg nahe dem Paulskloster im Viertel geköpft.

„Damit die ganze Stadt sehen konnte, dass ihrem ehemaligen Bürgermeister Unrecht getan wurde."

Vasmers Familie wollte das nicht hinnehmen. Sein Sohn Hinrich Vasmer verklagte die Stadt beim Kaiser – und erwirkte 1435 neben Schadenszahlungen auch die Aufstellung eines Sühnezeichens durch den Stadtrat: Ein etwa zwei Meter hohes Kreuz auf einem sechseckigen Steinsockel, auf dem Johann Vasmer auf Knien zu dem gekreuzigten Jesus Christus betet, sollte seinen Vater posthum rehabilitieren. Und auf dem Sockel befindet sich eine Inschrift in Niederdeutsch, die übersetzt heißt: *In dem Jahre unseres Herrn 1430 des Dienstags vor Johannes'*

Im Detail sieht man den Bürgermeister zu dem gekreuzigten Jesus Christus beten.

Taufe wurde Herr Johann Vasmer, Bürgermeister, hier getötet. Bittet Gott für seine Seele.

Das beidseitig identisch gestaltete steinerne Kreuz hatte seinen Platz an der Stelle, an der Vasmer starb. „Damit jeder sehen konnte, dass dem ehemaligen Bürgermeister Unrecht getan wurde", sagt Zapf. Knapp 100 Jahre später allerdings wurde der Berg abgetragen, damit Feinde die Stadt nicht von der Erhöhung aus angreifen konnten, und das Sühnezeichen versetzt.

Ende der 70er-Jahre tauschte man das Originalkreuz gegen eine Replik aus und brachte es in das Focke-Museum, in dem es jetzt zu sehen ist. „Die Replik im Viertel steht aber noch auf dem Originalsockel", betont Arthur Zapf. Nicht weit entfernt liegen die Vasmerstraße und das Vasmerhaus. „Abgesehen vom Roland ist das Sühnekreuz die einzige noch erhaltene Freiplastik des Mittelalters in Bremen, die nicht ausschließlich zum religiösen Bereich gehört."

Übrigens: Das Denkmal für den Geköpften steht heute – ironischerweise – vor einer Hutmacherei.

Tobias Meyer

So geht's zum Steinkreuz:

Das Sühnezeichen steht in der Straße Beim Steinernen Kreuz vor dem Haus mit der Nummer 10.

Marita Filipowsky kennt die Geschichte dieses Gebäudes.

Tierköpfe
Der Ursprung von Werder Bremen im Kuhstall

Die Kühe blicken hochnäsig über die Besucher hinweg. Zu ihrer Entschuldigung sei gesagt: Sie haben auch keine andere Wahl, hängen sie doch so weit oben, dass sie sich auch nicht annähernd auf Augenhöhe mit den Besuchern der Gaststätte „Der Kuhhirte" befinden. Und eigentlich dürfen diese Kühe ruhig ein wenig hochnäsig sein – hinter ihnen steckt nämlich eine ausgesprochen spannende Geschichte – samt engem Bezug zu dem Verein, der die Herzen zahlreicher Bremer höherschlagen lässt: SV Werder Bremen. Marita Filipowsky hat sie herausgefunden, und um sie zu erzählen, ist die stadtkundige Bremerin, die heute in Berlin lebt, extra aus der Hauptstadt angereist.

„Im Jahr 1433 wurden die Weiden vor der Stadt Gemeindeeigentum", beginnt sie zu berichten und holt dabei mit den Händen weit aus. „Also alles hier um uns herum war Weideland. Die bei der Stadt angestellten Kuhhirten haben hier ihre Arbeit verrichtet. Sie haben zwar nicht viel Geld bekommen, durften aber darüber hinaus die Milch der Kühe verkaufen und hatten damit ein zusätzliches Einkommen." Einer dieser Kuhhirten sei Bauer Hinrich Plums gewesen. „Der zog in dieses Haus, in dem sich heute die Gastwirtschaft befindet. Er hatte drei Stiere, zehn Kühe, außerdem Schweine und Kälber."

Schnitt. Wir schreiben das Jahr 1898. Eine Gruppe 16-jähriger Bremer Schüler nimmt an einem Tauzieh-Wettbewerb teil – und gewinnt einen Fußball. „Damals kannte man den Fußball noch kaum, und das Spiel war wohl ziemlich aufregend." Fußballspielen war in Deutschland erst seit den 1870er-Jahren bekannt: Der Sport kam von den britischen Inseln, doch die deutsche Gesellschaft rümpfte die Nase. Die Ausübung eines Sports wurde damals noch stärker als heute mit Disziplin gleichgesetzt, und diese sah man im Fußball nicht als gegeben an – man bezeichnete die Sportart gar als Englische Krankheit, vielerorts war sie verboten.

Doch der Siegeszug ist nicht aufzuhalten, Ende des 19. Jahrhunderts gründen sich vielerorts Vereine und Gruppierungen, die Fußballspiele veranstalten. Und auch die Bremer Jungs können sich dem Zauber nicht entziehen. Auf dem Stadtwerder probieren sie aus, was sich mit einem Fußball so alles machen lässt. Und stellen fest: Das macht Spaß. Unter ihnen ist einer, dessen Vater Kuhhirt ist und ein Restaurant betreibt, nämlich: das Restaurant „Zum Kuhhirten". Am 4. Februar 1899 treffen sich die inzwischen kicksicheren Jungs, um auf der Veranda des „Kuhhirten" gemeinsam den Verein „Fußball-Verein Werder Bremen von 1899" zu gründen. „Mit Werder wollten sie an den Ort erinnern, wo sie immer kickten. Das ist übrigens der Name für das Land, das durch Anschwemmungen aus dem Fluss entsteht", erzählt die Bremerin. „Es liegt gegenüber dem heutigen Weser-

Was haben diese Kühe mit Werder Bremen zu tun?

Stadion." Von da an ging es Schlag auf Schlag: Im Dezember 1899 trat der Verein dem Verband Bremer Fußball-Vereine bei, 1903 wurde er Bremer Meister, 1905 war die Mannschaft beim Publikum schon so beliebt, dass sie von den Zuschauern Eintritt verlangen konnten. Übrigens: In den ersten Jahren war das Fußballspiel nur etwas für feine Leute: Um als Spieler zugelassen zu werden, musste man aus besseren Kreisen kommen oder erreichen, dass zwei Drittel des Vorstands für die Aufnahme in die Mannschaft stimmen.

Heute begeistert der SV Werder Bremen Millionen. „Wenn Werder Bremen spielt, ist hier Ausnahmezustand", freut sich Marita Filipowsky. „Ein Verein mit Tradition, der immer noch Bestand hat." Ebenso wie die Gaststätte „Kuhhirte". Doch letztere hat schwere Zeiten hinter sich: „Nachdem die Weiden im Ersten Weltkrieg in Gärten für die hungernde Bremer Bevölkerung umfunktioniert wurden, hatten die Kuhhirten keine Arbeit mehr", erzählt Filipowsky „Die Gaststätte mit ihrem Milch- und Branntweinausschank wurde trotzdem weiterbetrieben." 1930 wurde gar erweitert und der Kuhstall zu einem Tanzsaal umfunktioniert. „Obwohl die Gebäude im Zweiten Weltkrieg nicht beschädigt wurden, hat man sie verkommen lassen", bedauert sie. „Die Gastwirtschaft verfiel, fand dann zwar einen Pächter, der sich aber nicht wirklich kümmerte", erzählt sie die Geschichte weiter, die sich dann unverhofft zum Guten wendete: 1996 übernahm das Gastronomen-Ehepaar Sigrid und Wilfried Minnemann gemeinsam mit Tochter Angela Giese und verhalf dem „Kuhhirten" zu altem Glanz.

Nun blicken die steinernen Kühe über eine gepflegte Terrasse. Und wenn man ihre Geschichte kennt, dann weiß man, dass sie alles Recht haben, etwas hochnäsig dreinzuschauen. Halten sie doch Wacht über eine Veranda, auf der einst Werder Bremen gegründet wurde. Darauf kann man sich schon etwas einbilden. Auch als Kuh.

Eva-Maria Bast

So geht's zu den Tierköpfen:

Sie befinden sich auf dem Stadtwerder im Kuhhirtenweg 7.

In der Hand hielt der Sterbende Jüngling einst einen Lorbeerkranz.

42

Taumelnder Mann
Wie der Sterbende Jüngling überlebte

Ganz schön „beschissen" sieht er aus, der junge Mann in den Wallanlagen. Im wahrsten Sinne des Wortes, denn so mancher Vogel scheint sein Geschäft schon über ihm erledigt zu haben. Befleckt und nackt steht er in einer Ecke auf einer Grünfläche auf der Seite Am Wall, als wollte er sich ob seiner Blöße beschämt in die Büsche zurückziehen.

Es wird wohl schon einige Spaziergänger gegeben haben, die sich den jungen Mann etwas näher ansahen und dann nur mit den Achseln zuckten im Sinne von: Man weiß es nicht, was er da soll, was er da tut, wie er da hingekommen ist. Gewiss hat er einige Ähnlichkeiten mit den Gestalten, die sich des Nachts manchmal durch den Park schleppen, lallend und volltrunken – nur meist nicht ganz nackt. Wie der Mann seine Arme kraftlos in der Luft zu halten scheint, den Kopf halb gesenkt, die Augen geschlossen. Als würde er gerade torkeln oder fallen. Neben ihm: zwei verkohlte Balken und eine niedrige, offensichtlich zerstörte Mauer. Gehören die beiden zusammen? Schleppt sich da jemand aus seinem verbrannten Haus? Möglicherweise verletzt?

Nein, es ist schlimmer: Der junge Mann steht kurz vor dem Tod. Deswegen heißt die Statue des Bildhauers Herbert Kubica (1906-1972) auch Sterbender Jüngling. Die Skulptur stand ursprünglich an einem anderen Platz und hatte eine andere Bedeutung. Und vielleicht ist genau das der Grund, warum man die Figur nicht gleich versteht.

Um die Zusammenhänge zu begreifen, lohnt ein Blick in die Vergangenheit: Kurz nach dem Ersten Weltkrieg war Bremen in einer politischen Findungsphase. Schon während des Kriegs spaltete sich die Sozialdemokratische Partei Deutschlands (SPD) auf, und nach Kriegsende kam es in der Bremischen Regierung immer häufiger zu heftigen Auseinandersetzungen. Die Bevölkerung war aufgebracht, weil sich die Lebensbedingungen rapide verschlechterten und weil sie sich durch die Politiker nicht mehr vertreten sahen. Und so entwickelte sich Folgendes: Nachdem ein Arbeiter- und Soldatenrat von November 1918 bis Anfang Januar 1919 die Macht übernommen hatte, folgte am 10. Januar 1919 die Einberufung der Bremer Räterepublik, die neben der Münchener zu einer der bekanntesten in Deutschland werden sollte. Die Kommunistische Partei Deutschlands (KPD) organisierte eine Demonstration auf dem Marktplatz und erklärte die Regierung von Friedrich Ebert für abgesetzt. Stattdessen sollten nun jeweils drei Vertreter des Soldatenrats, der Unabhängigen Sozialdemokratischen Partei Deutschlands (USPD) und der KPD den Rat der Volksbeauftragten bilden, also die Aufgaben des Senats übernehmen. Bremen war ab diesem Zeitpunkt eine Räterepublik.

Es folgten erste Beschlüsse: Arbeiter sollten be- und Bürgerliche entwaffnet werden, bürgerliche Publikationen wurden mit einer Zensur belegt, und um 21 Uhr galt eine Sperrstunde für Gaststätten. Doch es dauerte nur ein paar Tage, bis in den Gremien der Räterepublik Chaos herrschte. Rückblickend gilt diese schon am 20. Januar aufgrund der vielen Uneinigkeiten und Streitereien als politisch gescheitert.

Vertreter der bremischen Wirtschaft waren bereits vor der Ausrufung der Räterepublik verängstigt. Also baten sie die Reichsregierung um Hilfe, ja mehr noch: um militärisches Eingreifen. Am 29. Januar 1919 zog die Reichsregierung Soldaten unter Oberst Wilhelm Gerstenberg in der sogenannten Division Gerstenberg zusammen. Dabei kamen aber nicht genügend Männer zusammen, also sammelte Major Walter Caspari im Auftrag der Reichsregierung mehr als 600 Freiwillige, die als Freikorps Caspari bewaffnet und von Panzerwagen begleitet von Verden Richtung Bremen zogen. Dann ging alles ziemlich schnell: Weil die Reichsregierung nach ersten erfolglosen Gesprächen mit der Räteregierung befürchtete, in der Auseinandersetzung mit Bremen ihre Stellung und Autorität zu verlieren, erließ sie den Befehl zur militärischen Zerschlagung der bremischen Regierung.

Die Division Gerstenberg und der Freikorps Caspari marschierten am 4. Februar bereits in Bremen ein, als die Räteregierung noch nicht einmal eine Verteidigungsstrategie aufgestellt, geschweige denn beschlossen hatte, wer überhaupt gegen die Truppen der Reichsregierung kämpfen solle. Trotzdem gelang es den Bremern, erheblichen Widerstand zu leisten. Soldaten der Reichsregierung kämpften unermüdlich gegen die bewaffneten Arbeiter, von morgens 10 Uhr bis abends 21 Uhr. In diesen elf Stunden starben 24 Soldaten, 28 Arbeiter und 29 Zivilisten.

Nach der militärischen Zerschlagung der Räteregierung übernahm Oberst Gerstenberg den Befehl in Bremen und verordnete ein Versammlungsverbot. Am 9. März wurde die neue Bremer Nationalversammlung gewählt – und zwar nicht wie zuvor aus einem Acht-Klassen-System heraus, sondern von gleichgerecht wahlberechtigten Bürgern.

So weit, so gut. Einige Jahre später aber begannen die Veteranen der Gerstenberg Division und des Caspari Freikorps, ein Ehrenmal für ihre gefallenen Kompanie-Brüder zu fordern. Der Bremer Senat konnte mit diesem Wunsch allerdings nicht viel anfangen und wollte das Vorhaben finanziell nicht unterstützen. Also nahmen die Soldaten, die einst die Räteregierung blutig in die Knie zwangen, selbst Geld in die Hand, wandten sich an Künstler Herbert Kubica und ließen sich eine Skulptur errichten. 1936 wurde diese aufgestellt, und zwar an einem prominenten Platz: direkt zwischen der Liebfrauenkirche und dem Rathaus. Auf ihrem Sockel waren die Namen derer eingraviert, die in den Kämpfen starben. Die Statue sollte dort vor allem auch die Nationalsozialisten motivieren, weiter für einen Sieg zu kämpfen.

Wie aber kam der Sterbende Jüngling in die Wallanlagen? Nun: Die Skulptur wurde zum Ende des Zweiten Weltkriegs in einem Tiefbunker vor den Bomben geschützt. Doch als der Krieg vorbei war, wusste man nichts so recht mit ihr anzufangen. Eine heroische Darstellung eines Kriegers, der die Nazis motivieren sollte, zudem von einer Gruppe, die damals Bremer tötete – das wollte niemand so recht vertreten. Deswegen ließ man den Sockel mit den Namen weg und entfernte dem Jüngling den Lorbeerkranz aus den Händen, schließlich galt dieser als nationalsozialistisches Symbol für den Sieg. Vielleicht sieht der junge Mann heute auch deshalb so verloren aus, weil man ihm ein wichtiges Detail entrissen hat.

Der Jüngling wurde zunächst als Schmuckfigur in die Wallanlagen gestellt. 34 Jahre stand er mehr oder weniger unbeachtet an dem Ort, bis 1989 Jürgen Waller auf die Idee kam, das Denkmal politisch umzuwidmen: Der damalige Rektor der Hochschule für Künste schuf ein Gegendenkmal, das in Beziehung zu dem Jüngling stehen sollte. Der verkohlte Balken und der Rest der Mauer neben der Skulptur stehen demnach für das durch die Nationalsozialisten niedergebrannte tschechische Dorf Lidice, in dem Wehrmachtsoldaten 172 Menschen ermordeten.

Mit diesem neuen Vorzeichen wurde die einst für den Kampf werbende Skulptur also zu einem Mahnmal für die schauerlichen Taten der NS-Soldaten. Ein Gesinnungswandel zum rechten Zeitpunkt, dem der Sterbende Jüngling wohl sein Überleben zu verdanken hat.

Tobias Meyer

So geht's zum taumelnden Mann:

Er befindet sich in den Wallanlagen auf der Seite der Innenstadt. Vom Theatergarten Richtung Ostertor steht der Sterbende Jüngling etwa auf halber Länge des Weges.

Dr. Henrike Weyh weiß, wer dieser Kleine mit seinen Hörnern ist.

43

Chorgestühl
Ein Gehörnter und ein merkwürdiges Tier

„Schauen Sie! Da ist er!", sagt Dr. Henrike Weyh und deutet auf eine Darstellung auf den hohen dunklen Holzschnitzereien. In der Tat: Da sitzt er und verblüfft die Besucher. Zumindest die, die sich die Mühe machen, die Eichenholzschnitzerei genauer unter die Lupe zu nehmen. Was macht ein Mann mit Hörnern in einem Gotteshaus? Und wer ist das überhaupt? Der Teufel gar? Aber was sollte der Satan in einer Kirche zu suchen haben?

„Nein", lacht die Leiterin des Dom-Museums. „Es ist nicht der Teufel. Es ist Moses." Warum aber zieren Hörner den Kopf des Propheten? „Der Überlieferung nach gehen sie auf einen Schreibfehler in der lateinischen Bibelübersetzung zurück", erzählt die Kunsthistorikerin. „Der Übersetzer machte aus ‚coronata' ‚cornuta', und prompt wurde aus dem Strahlenden der Gehörnte." Da diese Übersetzung verbreitet war, wird Moses in der Kunstgeschichte immer wieder statt mit dem ihm zugedachten Strahlenkranz mit Hörnern dargestellt. In Rom gibt es zum Beispiel einen gehörnten Moses – von Michelangelo, wohlbemerkt – im Ulmer Münster und eben im Bremer Dom. Ob der Mönch, der die Übersetzung vornahm, den Schalk im Nacken hatte und mit Absicht handelte? Oder ob er schlicht nicht den Sinn dessen erkannte, was er da schrieb? Denn auch diese Interpretation gibt es: Dass der Fehler dem Umstand entsprang, dass im Mittelalter viele nicht lesen und schreiben konnten, nur Buchstabe an Buchstabe reihten, ohne deren Sinn zu erkennen. „Der Grund für den Fehler wurde nie geklärt", sagt die Kunsthistorikerin. „Aber er führte immerhin dazu, dass am alten Bremer Chorgestühl ein gehörnter Teufel saß."

Denn bei den Holzschnitzereien handelt es sich um die sieben Wangen des um 1360/80 geschaffenen Chorgestühls, das Szenen aus der Heilsgeschichte zeigt und seinerzeit ausschließlich Mitgliedern des Domkapitels und der Domgeistlichkeit vorbehalten war. Bis 1823 war das Chorgestühl in Gebrauch, dann wurde es bei Restaurierungsarbeiten entfernt. Dank eines geistesgegenwärtigen Dombaumeisters konnte es aber für die Nachwelt erhalten bleiben und ziert heute die Wände der Südkapelle. Und es bietet noch weitere interessante Abbildungen. Henrike Weyh deutet auf das zweite Schnitzwerk an der Westwand und fragt. „Was ist das für ein Tier?"

Ein Tier – aber was für eines?

Der so Gefragte und Betrachtende versagt kläglich. „Erwachsene tun sich damit immer schwer, Kinder wissen es merkwürdigerweise sofort", tröstet Henrike Weyh und gibt dann Hilfestellung. „Das ist ein Elefant." Ah? Interessante Darstellung. „Die Ähnlichkeit mit einem Elefanten ist gleich Null", bestätigt Henrike Weyh. „Das liegt daran, dass der – unbekannte – Künstler noch nie einen Elefanten gesehen hatte. Wie auch? Es gab ja keine Zoos, keine Fernsehsendungen. Er wusste über einen Elefanten, dass er groß ist, das hat er dargestellt. Und er wusste, dass er eine sehr lange Nase hat – und auch das hat er dargestellt." Neben dem etwas klein geratenen Rüssel hat er dem Elefanten Pferdehufe, eine Hundeschnauze und sehr kleine Ohren verpasst. Henrike Weyh merkt an: „Der Elefant wird übrigens gerade von unten erstochen. Dargestellt wird ein Kriegsgeschehen aus dem alten Testament." Sie kann sich das Schmunzeln nicht verkneifen, als sie anmerkt: „Leider wird der Mann, der den Elefanten ersticht, dessen Tod selbst nicht überleben, weil der Elefant über ihm zusammenbricht."

Henrike Weyh weist auf eine weitere Abbildung auf dem Chorgestühl hin: An einer der Wangen an der Ostwand ist die Geburt Jesu im Stall dargestellt – und zwar in einer ungewöhnlichen Abbildung: „Ganz rührend dabei finde ich den erschöpften Josef, sehen Sie, hier, der ist ganz fertig", bemerkt Henrike Weyh und fragt augenzwinkernd: „Wer hat denn hier das Kind zur Welt gebracht? Er oder Maria?" Und das Jesuskind liegt untypischerweise nicht in der Krippe, sondern wird in einem Zuber gebadet. Die Frau, die dem Jesuskind die Reinigung angedeihen lässt, sei eine in der Bibel nicht erwähnte Figur, die erfunden wurde. „Man hat diese Geschichten einfach in seine eigene Lebenswelt importiert und das, was man eben so wusste, gezeigt. Das ist sehr lebendig dargestellt", sagt Henrike Weyh. Und Maria liegt erschöpft da, ist aber mit ihrer ganzen Aufmerksamkeit dem Kind zugewandt.

Ohne Frage: Die genaue Betrachtung der Chorgestühlwangen lohnt sich. Sehr.

Eva-Maria Bast

So geht's zum Chorgestühl:

Die sieben Wangen des alten Chorgestühls hängen im Dom in der dritten Nische vom Eingang aus gesehen auf der Südseite. Der Elefant ist auf der zweiten Wange an der Westwand zu sehen, Moses auf der rechten Abbildung an der Südwand und die Szene der Geburt Jesu auf der Ostwand, die zweite Wange von links.

Andreas Calic studiert das Schild, auf dem ein Wort ausgetauscht wurde.

Ausgetauschtes Wort
Wenn das Wörtchen wenn nicht wär'…

Was in Stein gemeißelt ist, ist ewig? Nö, befand eine Gruppe von Bremer Nationalsozialisten während des Zweiten Weltkriegs und änderte das in Stein Gemeißelte nach ihrem Gusto um. Nö, befanden anschließend auch jene, die diese Denkweise der Nationalsozialisten nicht in Stein gemeißelt haben wollten und änderten die Inschrift in die ursprüngliche Fassung zurück. Man kann diese – doppelte – Änderung heute noch gut erkennen.

Die Rede ist von dem Steinschild, das am Eingang der berühmten Böttcherstraße in Bremen an einer Hausecke angebracht ist: *Dies ist das / Paula Becker / Modersohn Haus*, steht da in großer Schrift und in kleiner darunter: *aus alter Häuser Fall / und Umbau errichtet von / Bernhard Hoetgers Hand. / Zum Zeichen edler Fraue zeugend Werk, / das siegend steht, / wenn tapferer Männer Heldenruhm verweht.* Und als Datum: *2. Juli 1926 Ludwig Roselius*. Um das Wörtchen *wenn* kann man deutlich eine Einkerbung erkennen, und bei genauem Hinsehen sehen die vier Buchstaben neuer aus als der Rest der Inschrift. „Die Nazis haben damals ‚wenn' in ‚bis' geändert", erklärt Andreas Calic. Warum war den Nazis dieses eine kleine Wort so wichtig? „Der Spruch impliziert, dass der Ruhm tapferer Männer irgendwann verschwindet", erklärt Andreas Calic. „Und das war ein unerwünschtes Bild im Nationalsozialismus, als man die Männer bei ihrer Ehre packte und Hitler ja genau aus diesem Bild seine Legitimation als ‚Führer' ableitete. Da konnte man nicht behaupten, dass der Ruhm irgendwann verweht." Stattdessen wurde das Wort „bis" eingesetzt. „Dadurch hat der Satz mit etwas gutem Willen eine andere Bedeutung bekommen: Bis tapferer Männer Heldenruhm verweht, bedeutet – nie", erklärt Calic. Nach dem Krieg wurde das ursprüngliche „wenn" wieder eingesetzt, schildert der Historiker.

Soviel also zum ausgetauschten Wort. Widmen wir uns dem Inhalt des dort Geschriebenen: *Dies ist das Paula Becker Modersohn Haus.* Das Gebäude, mit dessen Bau Ludwig Roselius den Bildhauer Bernhard Hoetger beauftragt hat, steht heute noch und beherbergt ein großes Museum mit Werken der Künstlerin aus Worpswede. „Ludwig Roselius war ein Kaffeefabrikant aus Bremen", erklärt Andreas Calic. „Er hat mit dieser Erfindung von Kaffee Hag unglaublich viel Geld verdient und zählte in den 1920er-Jahren zu den reichsten Männern der Weimarer Republik." Deshalb habe Roselius es sich leisten können, die gesamte Böttcherstraße aufzukaufen. „Dort standen sehr heruntergekommene Häuser, die er sanieren wollte. Es war ungewöhnlich, dass jemandem eine komplette Straße mitten in der Stadt gehörte." Wobei Roselius das weniger aus humanitären Gründen getan habe als vielmehr deshalb, weil er die Kunst der Paula Modersohn-Becker ziemlich norddeutsch fand, „und er war ein so großer Fan von Norddeutschland". Roselius habe die Häuser abreißen lassen und die Böttcherstraße gebaut, darunter 1926 das Paula-Becker-Modersohn-Haus.

Paula Modersohn-Becker (1876-1907) ist das dritte Kind einer weltoffenen Familie und hat sechs Geschwister. Das Ehepaar Becker legt bei der Erziehung großen Wert auf Kunst, Literatur und Musik, bis 1888 lebt die Familie in Dresden, dann zieht sie nach Bremen um. Für Paula wird ein Atelier eingerichtet, und über ihre Mutter erhält sie Zugang zu Künstlerkreisen. Vier Jahre bleibt Paula in Bremen, dann schicken die Eltern sie für ein halbes Jahr nach London zu einer Tante, um dort Englisch und Haushaltsführung zu erlernen, doch Paula erhält auch Kunstunterricht. Zurück in Bremen, besucht sie 1893 ein Lehrerinnenseminar – gegen ihren Willen, aber dem ausdrücklichen Wunsch ihres Vaters folgend, der ihr im Gegenzug Zeichenunterricht zugesteht. In jenem Jahr 1893 begegnet sie ihrem künftigen Mann Otto Modersohn das erste Mal – wenn auch nicht ihm persönlich, sondern einem seiner Bilder, das sie in einer Ausstellung entdeckt. Paula geht nach Berlin, wo sie bei Onkel und Tante unter-

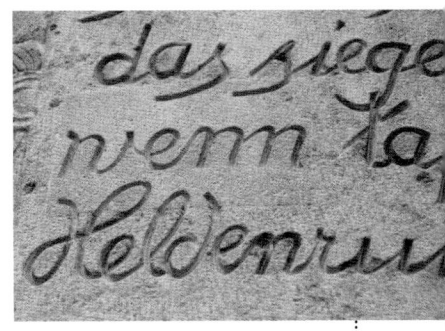

Das Wörtchen „wenn" wurde einfach ausgetauscht.

kommt und an der renommierten Zeichen- und Malschule des Vereins der Berliner Künstlerinnen unterrichtet wird. 1897 besucht sie ihre Eltern zu deren Silberhochzeit im heimischen Bremen und unternimmt einen Ausflug in das Künstlerdorf Worpswede, das sie nachhaltig beeindruckt. So sehr, dass Paula ein Jahr später dorthin zurückkehrt. Hier nimmt sie Zeichenunterricht, hier begegnet sie auch Otto Modersohn (1865-1943) persönlich. 1899 reist sie nach Paris, 1900 studiert sie an der Académie Colarossi am Montparnasse. Auch hier kommt es zu einer Begegnung mit dem damals noch verheirateten Modersohn: Er ist für die Besichtigung der großen Jahrhundertausstellung in der französischen Hauptstadt. Während seines Aufenthalts dort stirbt seine Frau Helene in Worpswede, er reist überstürzt ab und verlobt sich drei Monate später mit Paula.

In Worpswede freundet sich Paula eng mit Clara Westhoff an, der späteren Gattin des Dichters Rainer Maria Rilke. Im Januar 1906 notiert dieser in einem Brief: „Das Merkwürdigste war, Modersohns Frau in einer ganz eigenen Entwicklung ihrer Malerei zu finden, rücksichtslos und geradeaus malend, Dinge, die sehr worpswedisch sind und die noch nie einer sehen und malen konnte. Und auf diesem ganz eigenen Wege sich mit van Gogh und seiner Richtung seltsam berührend."

Als Rilke das schreibt, ist Paula längst mit Otto verheiratet: Die Eheschließung findet am 25. Mai 1901 statt, Otto bringt seine Tochter Elsbeth mit in die Ehe. Paula bemüht sich, ihr eine gute Stiefmutter zu sein, malt das Mädchen oft, ihr Wunsch nach einem eigenen Kind erfüllt sich jedoch nicht. Otto Modersohn ist ausgesprochen glücklich mit ihr und ein großer Bewunderer ihrer Kunst, auch wenn sie zu ihren Lebzeiten gerade mal fünf Bilder verkauft. Und in gewisser Weise ist Paula auch glücklich: Da sie von ihrer Kunst nicht leben kann, hätte sie, wenn sie nicht geheiratet hätte, ihren Lebensunterhalt mit einer Tätigkeit verdienen müssen, die ihr keinen Spaß macht. So ist sie finanziell abgesichert und teilt ihre Zeit zwischen ihrer künstlerischen Arbeit und der Familie auf. Doch ganz wohl fühlt sie sich nicht und vertraut ihrem Tagebuch an: „Es ist meine Erfahrung, daß die Ehe nicht glücklicher macht. Sie nimmt die Illusion, die vorher das ganze Wesen trug, daß es eine Schwesterseele gäbe. Man fühlt in der Ehe doppelt das Unverstandensein, weil das ganze frühere Leben darauf hinausging, ein Wesen zu finden, das versteht... Dies schreibe ich in mein Küchenhaushaltebuch am Ostersonntag 1902, sitze in meiner Küche und koche Kalbsbraten."

„Der Spruch impliziert, dass der Ruhm tapferer Männer irgendwann verschwindet."

In Paula Modersohn-Becker reift der Wunsch, nach Paris zu gehen. Im Februar 1906 reist sie dorthin – und teilt ihrem Mann mit, sie habe ihn hiermit verlassen. Er fährt ihr nach, versucht, sie umzustimmen – doch sie bleibt unnachgiebig. Dennoch schickt Otto ihr weiterhin Geld für den Lebensunterhalt. Paula nimmt in Paris erneut Unterricht, besucht mehrere Ausstellungen und knüpft Kontakt zu Bildhauer Bernhard Hoetger (1874-1949), zu eben jenem, der später mit dem Bau „ihres" Museums in Bremen beauftragt wird und der sich für ihre Werke begeistert – was ihr viel bedeutet. Mit neuem Schwung widmet sie sich nun der Malerei, zwischen 1906 und 1907 fertigt sie 90 Gemälde. Im Herbst 1906 versöhnt sie sich mit ihrem Mann, sie leben eine Weile gemeinsam in Paris und kehren im März 1907 gemeinsam nach Worpswede zurück - nun wird Paula endlich schwanger. Die kleine Mathilde wird am 2. November 1907 geboren. 18 Tage später jedoch stirbt Paul, gerade einmal 31 Jahre alt, an einer Embolie.

Erst nach ihrem Tod werden Sammler auf ihre Bilder aufmerksam, unter ihnen auch Ludwig Roselius. Das Paula-Modersohn-Becker-Museum für seine Sammlung wird am 2. Juni 1927 eingeweiht. Eine Dauerausstellung zeigt Modersohn-Beckers Meisterwerke. Und auch von Bernhard Hoetger, der mit dem Entwurf des Museums beauftragt wurde, sind hier Werke zu finden. Es hätte Paula Modersohn-Becker sicher gefallen, gemeinsam mit ihm, der ihr ein so wichtiger Impulsgeber in ihrer letzten Schaffensphase war, in einem Haus ausgestellt zu werden.

Übrigens: Ludwig Roselius hat ihr noch einen stillen Gruß gesetzt: Geht man vom Marktplatz aus durch die Böttcherstraße, entdeckt man an der Hausfassade auf der linken Seite über der Terrasse die Buchstaben *PBM*. Sie sind aus hervorspringenden Ziegelsteinen gefertigt und fallen inmitten der abwechslungsreich gestalteten Fassade nur bei genauem Hinsehen auf. Auch das hätte ihr sicher gefallen, der Künstlerin, die so gerne Mutter werden wollte und dieses Glück nur kurz genießen durfte.

Eva-Maria Bast

So geht's zum ausgetauschten Wort:

Es befindet sich am Eckhaus Böttcherstraße/Hinter dem Schütting. Das Ziegelstein-Initial PBM entdeckt man vom Markplatz kommend, etwa in der Mitte der Straße, auf der linken Seite.

Mini-Roland
Eine Kopie aus Protest

Den Roland auf dem Marktplatz, na klar, den kennt jeder. Zumindest jeder, der schon einmal in Bremen war. Kein Wunder, schließlich ist die Statue mit seinen über zehn Metern Höhe vom Sockel bis zur Spitze des Baldachins unübersehbar. Aber was viele nicht wissen: Der Roland hat einen kleinen Bruder, nur knapp einen halben Kilometer Luftlinie entfernt, auf der anderen Weserseite. Der Kleine Roland trägt das Schild mit dem doppelköpfigen Adler und das Schwert als Zeichen der Gerichtsbarkeit – genau wie die Statue vor dem Rathaus. Dennoch wirkt er mit seinem Mini-Kopf, der Gürtelschnalle (siehe Geheimnis 28) und der etwas zu dick geratenen Goldverzierung an den Beinen eher wie eine unförmig geratene Nachbildung des Originals. Und das liegt wahrscheinlich daran, dass er genau das auch ist: eine Kopie.

„Die Idee für den Kleinen Roland kam im 18. Jahrhundert auf", weiß Gästeführer Arthur Zapf zu erzählen. Damals war die Neustadt Sammelort der einfachen Leute: Zwar lag dieses Viertel nach dem Ausbau der Wallanlagen seit den 1620er-Jahren innerhalb der Stadtmauern. Doch in den ersten Jahren zogen kaum Menschen auf die linke Seite der Weser, nur einige Hundert lebten dort. Um die Neustadt attraktiver zu machen, wollte die Bürgerschaft Anreize zur Ansiedlung schaffen. Sie erlaubte jedem, so hieß es damals, frei Geborenen und Unbescholtenen unabhängig von Stand und Religionszugehörigkeit, für wenig Geld ein Grundstück zu erwerben. Neusiedler waren sogar von einigen Steuern befreit und erhielten einfaches Bürgerrecht – gleichgestellt mit den anderen Bürgern waren sie jedoch nicht. „Das bedeutete zum Beispiel, dass sie nicht wählen durften, dass sie keine Interessenvertreter im Rat hatten und auch keinen Zugang zu den Zünften." Aus diesen Gründen entwickelte sich hier vor allem zunftungebundenes Gewerbe prächtig, wie etwa die Schuh- und die Zigarrenherstellung. Gleichzeitig war aber auch die Armut besonders hoch.

Der Kleine Roland auf dem Neuen Markt. Gästeführer Arthur Zapf weiß, welche Geschichte dahintersteckt.

„Daher kommt auch der schlechte Ruf. Noch immer gibt es Bremer, die die linke Weserseite als die falsche Weserseite bezeichnen", bedauert Zapf, der selbst in der Neustadt wohnt und von seinem Stadtteil begeistert ist. „Auch im 18. Jahrhundert sagte man: Da geht man nicht hin, da lebt man nicht."

Diese Einstellung passte den Neustädtern irgendwann nicht mehr in den Kram. Also überlegten sie, wie sie es der feinen Gesellschaft auf der anderen Seite der Weser einmal ordentlich zeigen konnten. „Die Bürger wollten endlich die gleichen Rechte bekommen und sich nicht länger wegducken", so der Gästeführer. „Die Stadtherren sollen gesagt haben: Wir sind ja nicht die große Stadt, wir sind die kleine und das Anhängsel – aber wir sind genauso Stadt wie ihr." Und um diese generelle Ebenbürtigkeit zu symbolisieren, die sich lediglich in der Größe unterscheiden sollte, entwickelte man die Idee zum Mini-Roland, der ja gleichermaßen für die Freiheit stand. Die 1. Neustädter Bürgerkompanie sammelte Geld für die Umsetzung und beauftragte Theophilus Wilhelm Frese (1696-1793), den Roland nachzubauen.

Die Mini-Statue hat verblüffende Ähnlichkeit mit dem großen Vorbild auf dem Marktplatz.

Frese hatte seine Werkstatt auf dem Teerhof, hat unter anderem Elemente im Dom gestaltet und zählt heute zu Bremens berühmtesten Barockbildhauern. Eigentlich arbeitete er vornehmlich für die öffentliche Hand und das reiche Bremer Bürgertum. Doch der Nachbau der so bedeutenden Roland-Statue schien für ihn einen ganz besonderen Reiz zu haben, also machte er sich sogleich an die Arbeit. 1737 wurde der Kleine Roland aufgestellt – als Verzierung des öffentlichen Brunnens, für den die Bürgerkompanie verantwortlich zeichnete.

In seinem Sockel haben die Neustädter etwas eingravieren lassen: *Steh dan ruhig Ruhlandsbild / Steh standvest und unerschüttert / Unter deines Kaysers Schild / Las den Neid schon sein erbittert / Bleibt dich Gott und Karol hold / Gläntst Dein Glück und Segensgold*. Mit dem Kleinen Roland wuchs das Selbstbewusstsein des gemeinen Neustädters. Nun hatten beide Weserseiten eine Freiheitsstatue. Wenngleich die Neustädter Variante auch etwas kleiner war, die Anerkennung sollte ihnen doch sicher sein, oder nicht? „Nein", sagt Zapf. „Im Gegenteil: Die feinen Bremer hat die Mini-Ausgabe ihres Wahrzeichens überhaupt nicht beeindruckt." Und um das deutlich zu zeigen, wurde der Schweinemarkt vom Domshof auf den Neuen Markt umgesiedelt.

Ende des 18. Jahrhunderts aber besserte sich dann doch einiges: Die kleinen Handwerksbetriebe florierten, und immer mehr Menschen zogen in die Neustadt. Die Wallanlagen wurden abgetragen und zugeschüttet. „Und als 1810 die französisch-westfälischen Truppen einmarschierten und die neue Stadtverfassung etablierten, wurden Neu- und Altstädter endlich gleichberechtigt", sagt Zapf.

Und der Kleine Roland? Musste noch einige Male auf dem Neuen Markt umziehen: Stand zuerst am Pferdegang an der Osterstraße, wechselte 1899 an das Nordende und fand dann 1965 seinen Platz am Südende, vor der St.-Pauli-Kirche. Über all den Wandel hat er – anders als sein großes Vorbild – nie seinen Kopf verloren. Lediglich ganz so kämpferisch wie damals im 18. Jahrhundert zeigt er sich heute nicht mehr: Die Klinge seines Schwertes ist abgebrochen.

Tobias Meyer

So geht's zum Mini-Roland:

Wenn man am großen Roland startet, führt der schnellste Weg über die Wilhelm-Kaisen-Brücke in die Neustadt. Nach der Brücke rechts in die Osterstraße einbiegen, dann bei der nächsten Ampel auf die linke Seite wechseln. Dort ist zwischen den Häusern ein großer Platz zu sehen: der Neue Markt. Im hinteren Teil steht der Kleine Roland.

Frank Hethey vor dem auffälligen roten Klinkerbau, der vom Weg aus aber kaum zu sehen ist. Hier hielt sich der letzte Befehlshaber von Bremen 1945 auf.

46

Klinker-Bunker
Der Ort, an dem Bremen den Krieg verlor

Gut versteckt steht ein großer Bau im Bürgerpark, inmitten von Bäumen und Büschen auf Höhe der Emmastraße – so gut getarnt, dass Frank Hethey oft schon an dem Ort vorbeigefahren ist, ohne auch nur einen Verdacht zu schöpfen. Doch dann, eines Tages, entdeckte er etwas Rotes hinter der dichten Blätterwand. Hethey ging über den Spielplatz, durch den Sandkasten, immer näher zu der Begrenzung, hinter der die Büsche und Bäume wild durcheinander wachsen, und arbeitete sich Schritt für Schritt vor. Bis er schließlich vor einem riesigen, massiven Klinkerbau stand. „Ich staunte Bauklötze", erinnert sich Hethey. „Dieses Gebäude hatte ich bislang nie wahrgenommen." Also begab er sich auf die Suche nach mehr Informationen – und fand heraus: Der Klinkerbau ist ein Bunker. Und zwar nicht irgendeiner, nein! An diesem Ort verlor Bremen den Zweiten Weltkrieg.

Seine Recherchen führten den Journalisten direkt in die Nacht des 27. April 1945. Die Wochen zuvor waren schlimm für Bremen, die Aktien-Gesellschaft Weser wurde bombardiert, ebenso das Weserwehr, das Staatsarchiv. Häuser wurden zu Trümmern, die sich mehr und mehr in das Stadtbild fraßen. Die Briten warfen mittlerweile nicht mehr nur Bomben vom Himmel, sondern hatten auch damit begonnen, Flugblätter über Bremen abzuschmeißen, die von ihren fortlaufenden Erfolgen auf dem Gebiet des Deutschen Reichs berichteten. Der Bremer Kampfkommandant Generalleutnant Fritz Becker (1892-1967), erst Ende März aus dem Danziger Kessel nach Bremen ausgeflogen und eine Woche später bereits zum Befehlshaber ernannt, ließ sich davon jedoch nicht beirren. „Er wollte kämpfen, und dementsprechend lautete sein Auftrag, Bremen bis zum letzten Bluttropfen zu verteidigen", sagt Hethey. Dabei hatten sich der kommissarische Bürgermeister Richard Duckwitz (1868-1972) sowie der Innen- und Arbeitssenator Hans Joachim Fischer (1904-2000) schon für eine Kapitulation ausgesprochen. „Da Becker aber das Kommando über den Verteidigungsbereich Bremen hatte und auch Gauleiter Paul Wegener gegen eine kampflose Übergabe der Stadt war, wurde beschlossen, nicht aufzugeben", sagt Hethey. Schließlich hatte Becker schon im Ersten Weltkrieg und in den Jahren zuvor an der West-, Balkan- und Ostfront gekämpft und war Teil der 389. Infanterie Division. Aufgeben kam da nicht infrage.

Doch der verbissene Kampfeswille Beckers nützte nichts gegen die starken britischen Truppen. Immer weiter rückten die Feinde vor, drängten die Deutschen zunehmend von der Stadtgrenze Richtung Zentrum, in den Bürgerpark hinein. Von hier aus beobachteten die Bremer Soldaten, die Lage vom Aussichtsturm im Bürgerpark (siehe Geheimnis 02) aus und sahen: Die Briten formierten sich wieder. Also suchten sie am 23. April 1945 Schutz hinter den dicken, mit roten Klinkern verkleideten Betonwänden des Bunkers direkt am Turm. „120 bis 150 Wehrmachtsangehörige hielten sich dort und in den umliegenden Baracken wohl auf", schätzt Hethey. Dann, am späten Abend des 26. April 1945, leisteten sie sich noch heftige Gefechte kurz vor dem Bunker. „Wegen der Dunkelheit stießen die Briten jedoch zunächst nicht weiter vor", weiß der Journalist. „Becker soll da schon völlig apathisch und desorientiert gewesen sein und hat keine Befehle mehr erteilt." Nach ein paar letzten Gefechten ergaben sich die Bremer schließlich im Morgengrauen des 27. April 1945. „Der Kampf um Bremen war damit offiziell beendet." Becker kam in ein britisches Gefangenenlager und blieb dort bis 1948. Gauleiter Wegener wurde nach seiner Kriegsgefangenschaft in Luxemburg zu sechs Jahren und sechs Monaten Haft verurteilt für die Entscheidung, Bremen nicht kampflos aufgegeben zu haben – die Hunderte Menschen das Leben kostete.

Naja, und der Bunker, vor dem die letzten Kämpfe stattfanden, das Schutzgebäude, in dem sich die letzten Wehrmachtssoldaten aufhielten, wird heute als Lager- und Abstellraum für die Gartengeräte zur Pflege des Bürgerparks genutzt. Nur die Einfahrt zu dem Klinkerbau ist zu erkennen. Folgt man ihr nicht, läuft man mit hoher Wahrscheinlichkeit an den Büschen und Bäumen vorbei, ohne auch nur einen einzigen Stein des massiven Gebäudes wahrzunehmen. Perfekte Tarnung also. Nur: Gebracht hat sie am Ende nichts.

Tobias Meyer

Heute wird der Bunker überwiegend als Lager für die Gartengeräte genutzt.

So geht's zum Klinker-Bunker:

Der Bunker befindet sich im Bremer Bürgerpark auf der Seite der Parkallee. Ein paar Meter Fußweg Richtung Universität, dann erscheint zur Linken der Kinderspielplatz auf der Anhöhe des früheren Aussichtsturms. Dort im Gebüsch steht der Bunker.

Kirsten Vogel nimmt ein Farbenbad in der Kirche.

Kirchenfenster
Ein Gotteshaus – in Farblicht getaucht

„Wie schön, dass heute die Sonne scheint. Ansonsten hätten wir unser Treffen verschieben müssen", sagt Kirsten Vogel und fügt schmunzelnd hinzu: „Warten Sie mal ab." Wir betreten die Kirche Unser Lieben Frauen und sofort ist klar, was die Bremen-Kennerin meint. Der Innenraum des Gotteshauses ist in ein wunderbar farbiges Licht getaucht, das entsteht, wenn die Sonne durch die bunten Fenster fällt. Kirsten Vogel tritt hinein in dieses Lichtkunstwerk und hält ihr Gesicht der Sonne entgegen; sie verharrt einen Moment, dann lädt sie zum Gespräch auf die Kirchenbank ein.

Auch auf diese fällt das Licht, und wir sitzen inmitten von Lichtfarben, als sie zu erzählen beginnt: „Diese Geschichte nimmt ihren

Anfang in den 1960er-Jahren. Das im Krieg zerstörte Bremen war wiederaufgebaut, man hatte zu essen und zu trinken. Und nun war Sehnsucht nach Musik da, nach Kunst und Kultur."

Nach den Plänen des hannoverschen Architekten Dieter Oesterlen (1911-1994) wurde die Kirche von 1958 bis 1965 restauriert. Der Putz des frühgotischen Gewölbes wurde entfernt. Der freigelegte, raue Backstein erweiterte den akustischen Raum für das Wort und die Musik. Und dann also die Fenster: „Das sind die ersten abstrakten Kirchenfenster weltweit", hebt Kirsten Vogel hervor. Sie stammen von dem französischen Künstler Alfred Manessier (1911-1993). „Er wurde an der Somme geboren und studierte an der renommiertesten Kunstakademie in Paris, der École des Beaux Arts, war erfolgreich, stellte in berühmten Galerien aus." Durch den Zweiten Weltkrieg steht für diese Künstlergeneration die Frage im Raum, wie nach so viel Tod und Zerstörung Kunst überhaupt noch möglich sein soll.

Alfred Manessier hat...

Manessier, erzählt Kirsten Vogel, fand seine Antwort im Trappistenkloster La Grande Trappe in französischen Soligny. Seine Intuition war: Alles kann kaputtgehen, alles kann sterben, aber eines bleibt, und ist das Licht. Das heißt: Jeden Morgen geht die Sonne auf. Ob Krieg ist oder Frieden – das Universum ist daran nicht beteiligt. Der Gedanke des Künstlers sei gewesen, fortan mit diesem universellen Licht zu arbeiten. „Er wird in den folgenden Jahren 27 Kirchen in ganz Europa mit seinen Lichtkunstwerken dieser Art ausstatten."

„Als Manessier den Auftrag für die Kirche in Bremen erhielt, befand er: Diese Kirche braucht Licht, das singt." Also brachte der französische Künstler Licht in die Kirche. Licht und Farbe. „Diese Fenster bestehen aus insgesamt 17.000 mundgeblasenen Gläsern aus der Glasbauwerkstatt in Chartes. Manessier hat 15 Jahre, von 1964 bis 1979, daran gearbeitet", verdeutlicht Vogel die Dimension des Auftrags. Oberthema der Fenster sei das Wort. Und an der dunkelsten Stelle des Gotteshauses, dort, wo am wenigsten Licht hineinfällt, ist das Fenster (links des Altars) von einem intensiven Rot. „Das ist das Weihnachtsfenster", erzählt Kirsten Vogel. „Das fleischgewordene Wort." Das Fenster hinter dem Altar sei das Pfingstfenster. Und wenn Kirsten Vogel es betrachtet, dann sieht sie nicht nur – dann hört sie auch. „Ich habe immer Beethovens Choral ‚Freude schöner Götterfunken' im Ohr, wenn ich das Fenster sehe. Dieses Gelb ist einfach Jubel, es ist so expressiv, einfach *Wow*!", begeistert sie sich.

Kehrt man sich von diesem Wow-Erlebnis um die eigene Achse und betrachtet das Westfenster, wird man hingegen ganz still: Eine große Rosette ist zu sehen, das Marienfenster. „Da kommt alles zur Stille. Da konzentriert sich die Kunst in diesem intensiven Blau", sagt die Bremerin. „Dazu gehört die Stelle im Lukasevangelium: Maria hörte diese Worte und bewegte sie in ihrem Herzen." Aus kirchlicher Sicht könne man nun beim Verlassen der Kirche sagen: Der Gottesdienst ist die Inspiration. Wenn der Besucher die Kirche verlässt, bewegt er das, was er hier erlebt und gehört hat, in seinem Herzen.

Und dann noch das Fenster rechts des Altars. „Das ist für mich das in die Welt gesprochene Wort. Es drückt das aus, was wir uns verbal und nonverbal sagen." In diesem Fenster treffe alles zusammen: „Hier sind das Weihnachtsfenster, das Pfingstfenster und das Marienfenster vereint."

... die Fenster in Unser Lieben Frauen gestaltet.

Und wenn das Licht hindurchfällt, badet man im Farbenmeer, sozusagen im lichtgewordenen Wort.

Eva-Maria Bast

So geht's zu den Kirchenfenstern:

Sie zieren die Kirche Unser Lieben Frauen. Am besten sind sie am späten Vormittag eines sonnigen Tags zu bewundern. Die Kirche steht am Unser Lieben Frauen Kirchhof 27, neben dem Rathaus.

Henning Scherf mit dem Löwenkopf. Er hatte früher Angst, als sein Bruder über die Große Weserbrücke kletterte.

48

Löwenköpfe
Als die Könige der Tiere in die Weser stürzten

Wandert man des Nachts an der Bremer Schlachte entlang an den vielen Restaurants vorbei, hinunter zu den Anlegern, immer weiter Richtung Weserstadion und schaut dann unter der Wilhelm-Kaisen-Brücke nach rechts – dann fährt einem der Schrecken in die Knochen. Vor allem, wenn man zuvor bereits in das ein oder andere Lokal eingekehrt ist und das kühle Pils oder der fruchtige Cocktail dann doch etwas öfter geschmeckt haben als beabsichtigt. Denn am Ufer blickt man einem Löwen direkt ins Maul. Er sieht nicht furchteinflößend aus, ganz und gar nicht. Viel eher hat man den Eindruck, dass das Gesicht unter der lockigen Mähne einem zulächelt. Aber: Was hat es mit dem steinernen Tierkopf auf sich?

Betrachtet man ihn genauer, stellt man fest: Ihm scheint etwas hinten aus dem Kopf zu wachsen, etwas Eckiges, mit feiner Verzierung. Als hätte man das Löwenhaupt irgendwo herausgebrochen. Als wäre das steinerne Gesicht einmal Teil eines großen Ganzen gewesen.

„War es auch", sagt Henning Scherf und schmunzelt. Der Bremer Altbürgermeister kennt seine Stadt in- und auswendig. Immerhin hat er sein ganzes Leben hier verbracht und viele Entwicklungen selbst erlebt, bevor er sie später als Politiker entscheidend beeinflusste. „Die Löwenköpfe gehörten zur Großen Weserbrücke." Die hieß nicht etwa aufgrund ihrer Größe so, sondern weil sie über die große Weser führte.

Henning Scherf ist die Große Weserbrücke vertraut: Beinahe täglich ging er aus der Neustadt, wo er wohnte, über die Brücke zu seiner Schule in die Innenstadt. „Ich sehe das noch vor mir, wie mein jüngerer Bruder auf dem Eisengeländer balancierte", erinnert sich Scherf und schlägt die Hände über dem Kopf zusammen. „Was habe ich mir da immer für Sorgen gemacht!"

Die Große Weserbrücke wurde schon weit vorher errichtet, 1893 begann die Stadt mit den Bauarbeiten. Bereits zuvor hatte es an dieser Stelle immer wieder Brücken gegeben, doch die Vertiefung und Begradigung der Weser an dieser Stelle erforderte eine neue Brücke: Die sechs Pfeiler des Vorgängermodells behinderten die Fließgeschwindigkeit, und das Ufer wurde durch die Flusskorrektion verändert, sodass ein Rückbau unabdingbar war. 1895 eröffnete die Große Weserbrücke als markantes, 137 Meter langes Bauwerk mit gusseisernen Verstrebungen, die wellenförmig an den beiden Seiten der Brücke in die Höhe ragten. An den beiden Stellen, an denen sie am höchsten waren, verband man die rechte und linke Seite mit einem Dach, sodass die Brücke zwei Portale hatte, unter denen man hindurch schreiten konnte. Eine eindrucksvolle Weserquerung, die schnell zu einem Wahrzeichen der Stadt wurde.

„Ich sehe das noch vor mir, wie mein Bruder auf dem Eisengeländer balancierte."

„An vier Obelisken, jeweils zweien zur Alt- und zur Neustadt, blickten Löwenköpfe imposant daher", sagt Henning Scherf. „Aber das sind nicht die, die heute an der Wilhelm-Kaisen-Brücke stehen." Denn die gut sichtbaren Häupter waren aus Bronze – und die erhaltenen sind aus Sandstein. „Die befanden sich als zwei von vieren unten an den Strompfeilern der Brücke."

Am 1. April 1933 und damit einen Monat nach der Machtergreifung Hitlers kamen die Nationalsozialisten und taten das, was sie so oft taten: Sie machten sich Fremdes zu eigen. Öffentlichkeitswirksam benannten sie die Große Weserbrücke in Adolf-Hitler-Brücke um. 1939 sollte sich das wieder ändern, weil dann mit der bis heute bestehenden Stephani- eine modernere Brücke gebaut wurde. Also erhielt diese den Namen des Führers, und die Große Weserbrücke wurde nach Adolf Lüderitz (1834-1886) benannt, einem Bremer Großkaufmann, der sich als erster deutscher Kolonialherr Ländereien in Namibia sicherte. Weil er die Einheimischen dabei nach Strich und Faden belog und betrog, wurde er von den Bremern auch als Lügenfritz bezeichnet.

Zwei Tage vor dem Ende des Zweiten Weltkriegs in Bremen wurde die Lüderitzbrücke – wie alle anderen Weserüberquerungen auch – von den Nazis gesprengt. Der komplette Mittelbau brach zusammen und stürzte in die Strömung der Weser. „Die Nationalsozialisten erhofften sich, so die Feinde aufhalten zu können, bevor sie das Stadtzentrum erreichten", sagt Scherf, der zu dem Zeitpunkt noch ein Kind war. „Aber die Alliierten fanden einen Weg in Achim und marschierten trotzdem im brückenlosen Bremen ein."

Die Amerikaner waren es dann, die nach Kriegsende so schnell wie möglich wieder Verbindungen zwischen der Alt- und der Neustadt herstellen wollten – die Große Weserbrücke sogar wieder in ihrem ursprünglichen Erscheinungsbild. Kein leichtes Unterfangen kurz nach dem Krieg, als die Rohstoffe knapp waren. Und dann kam auch noch Pech dazu: Durch den eisigen Winter 1946/1947 – einem der wenigen, in dem die Weser wirklich einmal zufror – brachen alle neuen Brücken in einer Kettenreaktion gleich wieder ein. Ein Unglück, über das selbst der Spiegel berichtete: „Am Dienstag um 10.20 Uhr wurde zuerst die Memorial-Brücke, ein Behelfsbau der US-Armee, mitsamt der Gas- und Wasserleitung weggedrückt, wenige Sekunden nachdem sie der letzte Fußgänger passiert hatte. Um 15.30 Uhr wuchtete ein 600-t-Tankschiff gegen die Wehr-Brücke. Das reichte. Es nützte nichts, daß amerikanische Panzer mit Geschützen das Feuer auf antreibende Kähne und Eismassen eröffneten. Um 17.25 Uhr war auch das Schicksal der erst im April 1946 fertiggestellten Truman-Brücke besiegelt: ein ungewöhnlich großer Eisblock rammte den Mittelpfeiler und riß ihn mit. Durch den Anprall mehrerer losgerissener Schleppkähne stürzten zwei Stunden später die für die Wiederaufrichtung der früheren Kaiserbrücke benutzten Hebegerüste ein. Sie trieben zusammen mit Brückenteilen gegen die erst kürzlich wieder fertiggestellte Eisenbahnbrücke. Ihr Mittelteil stürzte zusammen. Es war die letzte Brücke. Die Bremer standen so brückenlos da wie im April 1945." Ein Ereignis, an das sich Scherf noch genau erinnert: „Das war ein unheimliches Spektakel, wie das alles zusammenbrach – das Knallen, das habe ich noch heute in den Ohren."

Man ließ sich aber nicht davon abbringen, auch die Große Weserbrücke erneut herzurichten. Doch der Verkehr stieg mit den Jahren an, und schnell stellte sich heraus: Die Brücke konnte die Last nicht mehr tragen. „Also baute man 1960 für 17,5 Millionen Mark die neue Brücke und ließ die alte Große Weserbrücke später abreißen", weiß Henning Scherf zu berichten. Wilhelm Kaisen (1887-1979) selbst eröffnete sie und betonte, dass sie ihren alten Namen behalten sollte. 1980 wurde sie jedoch in Gedenken an den verstorbenen Bürgermeister umbenannt.

Und die Löwenköpfe? „Nun ja", sagt der Altbürgermeister und schmunzelt wieder, „die fand man doch tatsächlich – 53 Jahre, nachdem sie bei der Sprengung in die Weser fielen – bei Bauarbeiten am altstadtseitigen Ufer wieder!" Als Erinnerung an das alte Wahrzeichen stehen sie nun, auf Stele befestigt, an der Schlachte.

Von den Löwen gab es ursprünglich mal vier. Zwei wurden zufällig bei Bauarbeiten wiedergefunden.

Zum Thema Brücken gibt es übrigens noch viel zu erzählen – kein Wunder, schließlich stehen mehr als 600 von ihnen in Bremen und verbinden Stadtteile, Weserseiten und Menschen miteinander. Das sind immerhin fast 200 mehr als in Venedig. Dass man bei dieser Vielzahl auch mal auf verrückte Ideen kommt, ist nur logisch. So wollte der Bremer Senatsbaudirektor Franz Rosenberg (1911-1994) die Martinikirche mit dem Teerhof verbinden – und dabei italienisches Flair in die Stadt bringen: Er sprach sich dafür aus, eine Brücke mit Häusern und Geschäften darauf zu bauen, nach dem Vorbild der Ponte Vecchio, die in der italienischen Stadt Florenz steht. Mit Inbrunst hat er allerdings gegen eine andere Idee gekämpft: Die Wilhelm-Kaisen-Brücke sollte doch tatsächlich Ende der 70er-Jahre, so die Überlegung, einmal eine zweite Ebene erhalten, eine Brücke auf der Brücke quasi, auf der dann die Straßenbahnen verkehren sollten. „Die Folge wäre eine ästhetisch unerträgliche räumliche und maßstäbliche Beeinträchtigung der vorhandenen Bebauung (…). Mit einem Wort: Unmöglich!", schrieb er damals in der Zeitschrift „Der Aufbau".

Beides kam nicht, dafür aber wurde die Teerhofbrücke realisiert. Wer sich bei deren Anblick schon einmal gefragt hat, warum die Brücke eigentlich nur über Treppenstufen und Fahrstuhl zu erreichen ist: Sie wurde höher eingebaut als ursprünglich geplant. Nicht, weil hier irgendein Trottel am Werk war, der die Pläne nicht lesen konnte. Sondern weil es eine Auflage der Wasser- und Schifffahrtsdirektion gibt, die besagt, dass alle neugebauten Brücken den Europaschiffen entsprechend eine Durchfahrtshöhe von 9,50 Meter garantieren müssen. Nur: Die Teerhofbrücke liegt zwischen der Wilhelm-Kaisen- und der Bürgermeister-Smidt-Brücke. Und für sie gilt diese Regel nicht.

Tobias Meyer

So geht's zu den Löwenköpfen:

Die beiden alten Brückenelemente stehen auf der Seite der Innenstadt unter der Wilhelm-Kaisen-Brücke. Die Teerhofbrücke ist wenige Schritte Richtung Gastromeile an der Schlachte entfernt.

Ottmar Hinz weiß, welch düsteres Geheimnis dieses eigentlich so strahlende Relief in sich birgt.

Goldenes Relief 49
Hitlergruß mitten in Bremen

Wie geht man damit um? Will man überhaupt darauf aufmerksam machen? Darüber reden? Hinsehen? Und vor allem: Hätte das nicht längst entfernt werden müssen? Fragen über Fragen, die sich auch Ottmar Hinz gestellt hat. Und die Antworten hat der Referent für Erwachsenenbildung bei der Evangelischen Kirche schnell gefunden. Ja. Er will darauf aufmerksam machen. Darüber reden. Hinsehen und dafür sorgen, dass auch andere hinsehen. Und nein, sagt er, man hätte es nicht entfernen sollen: Es gehört zur Geschichte, so wird es zum Mahnmal.

Es geht um das Relief „Lichtbringer" über dem Eingang der Böttcherstraße. Millionen haben es bewundert und fotografiert. Und

Millionen haben ein Detail übersehen oder nicht darüber nachgedacht, was diese Figuren eigentlich tun: die vielen kleinen Männlein, die auf dem Relief unter dem Jüngling mit dem riesigen Schwert in der Hand abgebildet sind. Manche unter ihnen strecken beide Arme in die Höhe. Manche heben den linken Arm. Aber es sind einige darunter, die den rechten Arm nach oben strecken. „Und zwar genau so, wie man zur Zeit der Entstehung des Reliefs im Jahr 1934 den Arm nach oben reckte, um mit dem nationalsozialistischen Gruß zu grüßen", sagt Hinz. „Will heißen: Auf diesem Relief verbirgt sich der Hitlergruß."

Dieses Relief birgt einen unerfreulichen Gruß.

Bevor er näher darauf eingeht, erzählt Ottmar Hinz, was auf dem Relief noch alles zu sehen ist: „Das Licht scheint von oben zu kommen, und darunter kämpft eine Gestalt mit dem Schwert gegen einen Drachen. Da denkt man gleich an den Erzengel Michael, der häufig als Drachentöter dargestellt wird." Doch das Relief solle Adolf Hitler als Lichtbringer zeigen und ihm als solchem huldigen. Der Künstler Bernhard Hoetger (1874-1949) sei ein „glühender aber eigentlich ganz und gar unpolitischer, verstiegener und naiver Anhänger der Nationalsozialisten und Adolf Hitlers gewesen", sagt Hinz. „Und er hat versucht, diese Bewunderung in dieses Relief einzubauen." Gleichzeitig hätten er und der Bauherr der Böttcherstraße, Ludwig Roselius (1874-1943), mit diesem Relief auch versucht, sich, ihre Kunst und die Böttcherstaße zu schützen.

Ob Hoetger nun ein Bewunderer Hitlers war oder nicht: Dieser verachtete Hoetgers expressionistischen Werke und schmähte sie als entartet. „Roselius und Hoetger wurden von den Nazis kritisiert und angegriffen, die nationalsozialistische Presse überschlug sich mit Verrissen", sagt Hinz. Um sich Vorteile zu verschaffen und zu zeigen, dass man auf der Seite der Nationalsozialisten stehe, habe Roselius im April 1936 Hoetgers Relief anbringen lassen. Gegenüber dem Bremer NSDAP-Oberbürgermeister Otto Heider (1896-1960) erklärte Roselius: „Die dort jetzt angebrachte große Bronze stellt den Sieg unseres Führers über die Mächte der Finsternis dar." Und Künstler Hoetger teilte einem Freund in einem Brief mit: „Damit glaubte ich nun endlich der Welt beweisen zu können, wie sehr ich unseren Führer und seine Taten verehre."

Doch Hoetger irrte sich. Hitler fand das Relief ganz und gar grauenhaft (was dieses im Nachhinein natürlich wesentlich sympathischer macht). Auf dem Nürnberger Parteitag am 9. September 1936 wetterte er gegen „diese Art von Böttcherstraßenkultur". Hoetger wurde im selben Jahr aus der NSDAP geworfen und die Böttcherstraße unter den Schutz der Nazis gestellt. Keineswegs deshalb, weil Hitler die Straße plötzlich doch ansprechend gefunden hätte. Nein, er wollte sie „der Nachwelt erhalten (...) als ein abschreckendes Beispiel dafür, was in der Zeit vor unserer Machtübernahme als Kultur und Baukunst ausgegeben worden sei."

Inzwischen hat sich alles umgekehrt: Das, was als abschreckendes Beispiel gelten sollte, wird heute von Millionen Besuchern bestaunt und bewundert.

Ottmar Hinz weist noch auf ein Kuriosum hin: „Lichtbringer heißt im Lateinischen Luzifer", sagt er. „Wenn Hoetger den Diktator Adolf Hitler als Lichtbringer darstellt, dann gleichzeitig als Luzifer. Und auf Griechisch heißt Lichtbringer Phosphor. Der Lichtbringer Hitler ist also Luzifer, der die Phosphorbomben provoziert hat – Bremen war schließlich von hier aus in Richtung Westen flächendeckend zerstört." Das, sagt Hinz, seien Bezüge, die der Künstler so natürlich nicht beabsichtigt habe. Doch die Geschichte setzt eben vieles in ihren eigenen Kontext.

Eva-Maria Bast

So geht's zum Goldenen Relief:

Das Lichtbringer genannte Werk befindet sich über dem Eingang zur Böttcherstraße. Kommt man vom Marktplatz, geht man direkt darauf zu.

Viele Jahre hat er ihn übersehen: Peter Strotmann vor dem Stein, der an die Hinrichtung von Nicolaus Junge erinnert.

50

Datumsstein
Von wegen letzte Hinrichtung

Wenn man Peter Strotmann fragt, wie oft er schon vor dem Rathaus stand und die Skulpturen und Verzierungen angeschaut hat – dann schüttelt er nur lächelnd den Kopf. „Unzählige Male", sagt er, und obwohl unzählig ein unbestimmter Begriff ist, klingt es noch untertrieben. Der Hobby-Historiker hat ein Auge für die Details und eine so große Begeisterung für Historie, dass er sich über die Jahre ein eigenes Archiv angelegt hat mit all den Geschichten, die er über Bremen herausgefunden hat. Kurz gesagt: Peter Strotmann kennt die Stadt und ihre Geheimnisse.

Dass er trotzdem jahrelang an einem kleinen Detail am Rathaus vorbeigeschaut hat, ist erstaunlich – zumal der Stein auf Augenhöhe unter dem zweiten Rathausbogen angebracht ist. Meist sieht man ihn schlecht, weil oft Touristen und Straßenmusiker auf der Bank verweilen und weil man einen einzelnen Stein unter vielen leicht übersehen kann, auch wenn dieser deutlich heller ist. Aber wenn man ihn einmal wahrgenommen hat, dann kann man nicht mehr daran vorbeischauen, dann brennen sich einem die eingemeißelten Zahlen ins Gedächtnis: *28.9.1787*.

Was aber geschah an diesem Tag, einem Donnerstag, vor mehr als zwei Jahrhunderten?

Es war die Zeit, in der ein Spruch die Runde machte: „Wer stehlen will und nicht bangen, der gehe nach Bremen und lasse sich fangen." Der hiesigen Justiz eilte der Ruf voraus, besonders gnädig zu sein. So heißt es in einer späteren Ausgabe der „Zeitung für die elegante Welt Berlin" von 1831, dass die geringe Zahl der Hinrichtungen „gewiss ein seltenes Beispiel von einer so volkreichen Seestadt zweiten Ranges" sei, und dass das entweder von dem „guten Charakter der Einwohner" oder von „zu großer Milde und Nachsicht der Justiz" zeuge. Ob der Bremer Nicolaus Junge darauf vertraute oder ob er sich einfach keine Gedanken machte, weiß man nicht. Was man dagegen weiß, ist: Er hat die Witwe seines Bruders beraubt und tödlich verletzt. Und das wollte ihm der Bremer Scharfrichter Johann Christian Göpel nicht durchgehen lassen.

Also kam der Stadtrat auf dem Marktplatz vor dem Rathaus zusammen und hegte das peinliche Halsgericht. „Klar: Peinlich bedeutete, dass jemand öffentlich für seine Taten bloßgestellt wurde", sagt Peter Strotmann. „Aber vor allem rührt die Bezeichnung daher, dass ein solches Urteil viel Pein, also Schmerz, mit sich brachte." Denn das Halsgericht wurde einberufen, wenn ein Straftäter durch den Strick oder das Schwert getötet werden sollte. Mord, Ketzerei, Diebstahl von Gegenständen, deren Wert vier Silbergroschen überschritt, sowie Urkundenfälschung wurden so geahndet. Auf Nicolaus Junge, das war klar, trafen mindestens zwei dieser Delikte zu, und so ging es nur noch darum, das Urteil öffentlich zu verkünden – auf Plattdeutsch.

Das Richtschwert, 1755 angefertigt, war bis dahin in Bremen nur einmal zum Einsatz gekommen. 1757 war das, und danach war 30 Jahre Ruhe. „Man munkelte, dass die geringe Anzahl an Hinrichtungen auch etwas mit den Rahmenbedingungen zu tun hatte", sagt Strotmann. „Mit dem neuen Herzogtum Bremen-Verden gingen die Vogteirechte 1698 zunächst auf Schweden über und kurz darauf, 1715, auf Hannover." Die

Kompetenzen in der Rechtsprechung lagen damit auch beim Hannoverschen Stadtvogt. Die gemeinsame Zuständigkeit ist ebenfalls auf dem Schwert verewigt, das heutzutage übrigens im Focke-Museum zu sehen ist. Die eine Seite der Klinge zieren das Bremer Wappen und als Inschrift ein altrömischer Grundsatz zur Rechtfertigung von Notwehr: *Vim vi rebellere licet 1755,* also in etwa „Gewalt darf durch Gewalt erwidert werden". Auf der anderen Seite sind die Hannoveraner mit ihrem Wappen und dem Satz *Wenn ich das Schwert thue aufheben so wünsche ich dem armen Sünder das Ewige Leben* verewigt.

So nah sich die beiden Städte auf dem Schwert waren – in der Realität kamen die Bremer mit den Hannoveranern gar nicht gut aus. Weswegen beide versuchten, ein gemeinsames Handeln so oft wie möglich zu umgehen. „Lieber wurden Täter aus der Stadt verbannt, als dass man sie hinrichtete – nur, um Hinrichtungen oder Körperstrafen nicht mit den Hannoveranern absprechen zu müssen."

Aber im Fall von Nicolaus Junge aus Oberneuland sprach Johannes Christoph Georg Renner, vorletzter königlich kurfürstlicher Stadtvogt, unter dem Bogen des Rathauses das harte Urteil: Tod durch das Schwert. Und so wurde der Raubmörder am 28. September 1787 durch den letzten Bremer Scharfrichter Johann Christian Göpel auf dem Richtplatz in Walle hingerichtet. „Es sollte die letzte öffentliche Hinrichtung durch das Schwert in Bremen sein", so Strotmann. „Und zur Erinnerung daran wurde wahrscheinlich der Stein in die Rathausmauer eingesetzt."

Was hat das eingravierte Datum zu bedeuten?

Tatsächlich aber war es nicht die letzte Exekution. Denn 44 Jahre später, am 21. April 1831, fand die wahrlich letzte Hinrichtung statt – wenn auch mit einem anderen Schwert und durch einen auswärtigen Scharfrichter. Ein Riesenspektakel, mitten auf dem Domshof. Schon drei Tage zuvor hatte die Polizei die Bürger mit einer amtlichen Bekanntmachung informiert, wie sie sich zu verhalten hatten – und dennoch gab es ein Gedränge und Geschiebe unter den 30.000 Menschen, die an diesem

Donnerstagmorgen gegen acht Uhr in die Innenstadt kamen. Die zum Tode verurteilte Frau wurde auf eine schwarze Holztribüne geführt und hörte als letzte Worte: „Der Stab ist gebrochen, das Urteil ist gesprochen, Mensch, du musst sterben." Die Frau blickte ein letztes Mal in die Menge, nahm einen Schluck von dem Wein, der ihr gereicht wurde, gab den Richtern die Hand. Dann sauste das Schwert hinab und trennte ihren Kopf vom Körper.

Die Frau hieß Gesche Gottfried, und das ist nun wirklich kein Geheimnis. Denn die 1785 geborene Frau wurde im gesamten deutschen Reich für ihre skrupellosen Giftmorde bekannt: Innerhalb von 14 Jahren tötete sie 15 Menschen, darunter ihre Ehemänner, ihre Eltern, Kinder und Freunde. Weshalb sie das tat, ist bis heute ungeklärt. Aber nachdem auch sie sterben musste, und das öffentlich, war sich die Bremer Gesellschaft sicher: Solche Hinrichtungen sollte es nie wieder geben, weil sie nicht mehr zeitgemäß waren.

Der Stein, der an Gesche Gottfried erinnert, ist nur ein paar Schritte von Nicolaus Junges Stein entfernt, eingelassen in das Pflaster an der Nordseite des Doms. Eine Legende besagt, dass hier einst der abgetrennte Kopf landete. Wahrscheinlicher aber ist, dass das Schafott an dieser Stelle stand. Heute wie damals speien Menschen auf den Stein als Ausdruck ihrer Missachtung vor den eiskalten Giftmorden. Dabei hatte Gesche Gottfried zu Lebzeiten nicht bei allen in ihrem Umfeld einen schlechten Stand: Manche nannten sie aufgrund ihrer überlieferten Hilfsbereitschaft auch „Engel von Bremen". Und damit war vermutlich nicht die unfreiwillige Sterbehilfe gemeint. Auch wenn sie diese schlussendlich schneller zu den Engeln gebracht hatte, als ihr lieb gewesen sein kann.

Tobias Meyer

So geht's zum Datumsstein:

Der Zahlenstein befindet sich unter dem zweiten Rathausbogen von links, über der Sitzbank.

Quellen, Literatur, Bildnachweis

Barfuß, Karl Morten; Müller, H.; Tilgnen, D. (Hg.) Geschichte der Freien Hansestadt Bremen von 1945 - 2005. Bremen o. J.

Bellgart, Joachim: Bremen Unregierbar! URL: http://www.bellgart-stadtfuehrungen.de/index.php?article_id=51. Abgerufen am 01.07.2016.

Bleyl, Henning: Ein Gartenzentrum als Tierpark. In: Nordwest-Zeitung. URL: http://www.nwzonline.de/bremen/ein-gartenzentrum-als-tierpark_a_5,1,952058637.html. Abgerufen am 28.06.2016.

Bild Bremen: Die letzten Amis von Fischtown, Martin von Schade, 14.03.2014. URL: http://www.bild.de/regional/bremen/bremerhaven/die-letzten-amis-in-fischtown-35061712.bild.html. Abgerufen am 24.06.2016.

Brandstätter, Maren: Schönheitskur für Heinekens Park. In: Weser-Kurier vom 4.01.2016, URL: http://www.weser-kurier.de/bremen_artikel,-Schoenheitskur-fuer-Heinekens-Park-_arid,1284049.html. Abgerufen am 28.06.2016.

Braukulturland Franken: Geschichte des Bieres. URL: http://www.braufranken.de/html/bkgeschichte.html. Abgerufen am 01.07.2016.

Bremen erleben. URL: http://www.bremen.de/bremen-wissenswert/unser-fundstueck-des-jahres-41521198. Abgerufen am 11.07.2016.

Bremen-Tourismus: Die Bronzefigur am Rathaus. URL: http://www.bremen-tourismus.de/bronzefigur-am-rathaus. Abgerufen am 22.06.2016.

Bremen.de: Heinekens Park. URL: http://www.bremen.de/tourismus/sehenswuerdigkeiten-und-attraktionen/parks-in-bremen/parks-osten/heinekens-park-14213101. Abgerufen am 28.06.2016.

Bremen.de: Unser Fundstück des Jahres. URL: http://www.bremen.de/bremen-wissenswert/unser-fundstueck-des-jahres-41521198. Abgerufen am 19.06.2016.

Bremer Frauenmuseum: Louise Dorothea Amalie Ebert, geb. Rump. URL: http://www.bremer-frauenmuseum.de/frauenhandbuch/ebert.html. Abgerufen am 01.07.2016.

Bremische Evangelische Kirche: Reformationstag – Reformation in Bremen. URL: http://www.kirche-bremen.de/feiern/kirchenjahr/reformationstag_reformation_bremen.php. Abgerufen am 26.06.2016.

Ebert Gedenkstätte: Das Friedrich-Ebert-Haus. URL: http://www.ebert-gedenkstaette.de/pb/site/Ebert-Gedenkstaette/get/documents_E-139361078/ebert-gedenkstaette.de/dictionaries/pdf_dateien/expertenheft.pdf. Abgerufen am 01.07.2016.

Felsing, Monika: Das Erbe der Mozarttrasse. In: Weser-Kurier vom 08.03.2012. URL: http://www.weser-kurier.de/bremen_artikel,-Das-Erbe-der-Mozarttrasse-_arid,108076.html. Abgerufen am 30.06.2016.

Freundeskreis Bremer Geschichtenhaus: Brücke auf der Brücke? URL: https://freundeskreisbremergeschichtenhaus.wordpress.com/tag/franz-rosenberg/. Abgerufen am 28.06.2016.

Fricke, Dieter: Vom Roten Haus zum Linkstreff. URL: http://www.dielinke-bremen.de/nc/politik/aktuell/detail/zurueck/bremennews/artikel/vom-roten-haus-zum-linkstreff-politik-hat-tradition-am-bremer-buntentor/. Abgerufen am 26.06.2016.

Gerhard Marcks Haus. URL: http://www.bremen-tourismus.de/bronzefigur-am-rathaus. Abgerufen am 22.06.2016.

Gerling, Anne: Das Oktogon kehrt nach Walle zurück. In: Weser-Kurier vom 10.08.2014. URL: http://www.weser-kurier.de/bremen_artikel,-Das-Oktogon-kehrt-nach-Walle-zurueck-_arid,916652_print,1.html. Abgerufen am 30.05.2016.

Gerling, Wigbert: Das Ende der Mozarttrasse. In: Weser-Kurier vom 08.11.2010. URL: http://www.weser-kurier.de/bremen/bremen-stadtreport_artikel,-Das-Ende-der-Mozarttrasse-kam-ueber-Nacht-_arid,311140.html. Abgerufen am 30.06.2016.

Geschichtswerkstatt Gröpelingen e. V.: Bremer Fährtag 2007. URL: http://geschichtswerkstatt-groepelingen-bremen.de/presseberichte-aktivitäten/bremer-fährtag-2007/. Abgerufen am 30.05.2016.

Geschichtswerkstatt Gröpelingen e.V.: Die Gröpeln in Nicaragua. URL: http://geschichtswerkstatt-groepelingen-bremen.de/presseberichte-aktivitäten/die-gröpeln-in-nicaragua/. Abgerufen am 30.05.2016.

Glockengang – vom Kriege verschont. In: Weser-Kurier vom 17.09.1949.

Hauff, Wilhelm: Phantasien im Bremer Ratskeller. Ein Herbstgeschenk für Freunde des Weines. 1827.

Hitler, Adolf: Mein Kampf. München 1926, S. 286.

Hochwasserschutz im Land Bremen (PDF). Der Senator für Bau und Umwelt. URL: http://www.dvr-bremen.de/Deichverband/web/download/hochwasser_in_bremen.pdf Abgerufen am 15.03.2015.

Hoesmann, Elke: Sieh mal an: Das Vasmer-Kreuz. In: Weser-Kurier vom 14.01.2015. URL: http://www.weser-kurier.de/bremen_artikel,-Sieh-mal-an-Das-Vasmer-Kreuz-_arid,1032250.html. Abgerufen am 20.06.2016.

Janz, Liane: Bremens schönste Behörde. In: Weser-Kurier vom 14.07.2013. URL: http://www.weser-kurier.de/bremen_artikel,-Bremens-schoenste-Behoerde-_arid,614563.html. Abgerufen am 25.06.2016.

Kasza, Peter: Das große Latrinum: 155 Jahre öffentliche Toilette. In: Der Tagesspiegel vom 22.06.2007. URL: http://www.tagesspiegel.de/wissen/geschichte-das-grosse-latrinum-155-jahre-oeffentliche-toilette/965710.html. Abgerufen am 22.06.2016.

Keller, Hiltgard: Reclams Lexikon der Heiligen und der biblischen Gestalten. Ditzingen 1984.

Klöckert, Matthias: Die Zehn Gebote. München 2016.

Miesegaes, Carlos: Chronick der freyen Hanse-stadt Bremen. Band 3, Bremen 1833, S. 246-248.

N-TV: Haus des Reichs erlaubt Einblick. URL: http://www.n-tv.de/reise/Haus-des-Reichs-erlaubt-Einblick-article5191866.html. Abgerufen am 25.06.2016.

Ökumenisches Heiligenlexikon: Jakobus der Ältere. URL: https://www.heiligenlexikon.de/BiographienJ/Jakobus_der_Aeltere_der_Grosse.html. Abgerufen am 11.03.2016.

Ökumenisches Heiligenlexikon: Katharina von Alexandria. URL: https://www.heiligenlexikon.de/BiographienK/Katharina_von_Alexandria.htm. Abgerufen am 23.06.2016.

Ökumenisches Heiligenlexikon: Marokkanische Märtyrer. URL: https://www.heiligenlexikon.de/BiographienM/Marokkanische_Maertyrer.html. Abgerufen am 22.06.2016.

Ortsamt West: Walle – Einige Stadtteilgeschichtliche Notizen. URL: http://www.ortsamtwest.bremen.de/sixcms/detail.php?gsid=bremen24.c.1599.de. Abgerufen am 26.06.2016.

Ortsamt Woltmershausen: Geschichte. URL: http://www.ortsamt-woltmershausen.bremen.de/sixcms/detail.php?gsid=bremen152.c.1863.de. Abgerufen am 26.06.2016.

Porsch, Monika: Bremer Straßenlexikon Band 3. Lilienthal 1996, S. 62.

Radio Bremen: Als die Amerikaner in den Norden kamen. URL: http://www.radiobremen.de/fernsehen/produktionen/dokumentationen/als-die-amerikaner-in-den-norden-kamen100.html. Abgerufen am 24.06.2016.

Radio Bremen: Bau rettet ein Bremer Wahrzeichen. URL: http://www.radiobremen.de/wissen/geschichte/deich108.html. Abgerufen am 18.06.2016.

Radio Bremen: Bremer Pferdebahn. URL: http://www.radiobremen.de/nordwestradio/serien/schauplatz-nordwest/bremer-pferdebahn104.html. Abgerufen am 30.06.2016.

Radio Bremen: Das Schicksal der MS Gröpeln. URL: http://www.radiobremen.de/wissen/geschichte/groepeln100.html. Abgerufen am 30.05.2016.

Radio Bremen: Der kleine Roland. URL: http://www.radiobremen.de/nordwestradio/serien/schauplatz-nordwest/kleiner-roland104.html. Abgerufen am 26.06.2016.

Radio Bremen: Ein rührender Hergang in Bremen. URL: http://www.radiobremen.de/wissen/geschichte/spd-in-bremen100.html. Abgerufen am 30.06.2016.

Radio Bremen: Huchtinger Zoo schließt. URL: http://www.radiobremen.de/bremeneins/buntes/gartencenter-zoo100.html. Abgerufen am 28.06.2016.

Radio Bremen: Umgedrehte Kommode auf dem Stadtwerder. 22.11.2013. URL: http://www.radiobremen.de/wissen/geschichte/wasserturm106.html. Abgerufen am 30.05.2016.

Radio Bremen: Unsere Geschichte: Als die Amerikaner in den Norden kamen. URL: http://www.radiobremen.de/unternehmen/presse/fernsehen/unseregeschichte102.html. Abgerufen am 18.06.2016.

Ramlow, Uwe: Kreuz und quer durchs Viertel – Geschichte und Gegenwart der Östlichen Vorstadt. Bremen 1998, S. 74.

Robinson, Armin L. (Hrsg.): The Ten Commandments: Ten Short Novels of Hitler's War Against the Moral Code. Mit einem Vorwort von Hermann Rauschning. Simon and Schuster, New York 1943.

Roseland, Helmut: Daten zur Baugeschichte der Kirche Unser Lieben Frauen. URL: http://www.kirche-bremen.de/downloads/ULF_BaugeschichteLiebfrauenkirche.PDF. Abgerufen am 22.06.2016.

Rotermund, Heinrich Wilhelm: Geschichte der Domkirche St. Petri zu Bremen. Bremen 1829. Google Ebook.

Schwarzwälder, Herbert: Das große Bremen Lexikon. Bremen 2003, S. 790 f.

Schwarzwälder, Herbert: Das Große Bremen-Lexikon. Bremen 2003, S. 718.

Schwarzwälder, Herbert: Geschichte der Freien Hansestadt Bremen, 1. Band. Bremen 1995, S. 263.

Seebacher, Wendelin / Cordes, Dieter: Ostertor. Bremerhaven 1987, S. 123.

Spiess, Christine: Schwachhausen im Siegesrausch. In: taz vom 08.06.2009. URL: http://www.taz.de/1/archiv/print-archiv/printressorts/digi-artikel/?ressort=ra&dig=2009%2F06%2F08%2Fa0001&cHash=2fb41af9ce531c8057cbad6c90913190. Abgerufen am 29.06.2016.

Spurensuche Bremen: Rotes Haus als Folterstätte der SA. URL: http://www.spurensuche-bremen.de/spur/arbeiterzeitung-wird-verboten/. Abgerufen am 26.06.2016.

Steinsieck, Wolf: Das altfranzösische Rolandslied. Stuttgart 1999.

Strotmann, Peter: Bremen als GI Paradise. In: Bremen History vom 07.02.2016. URL: http://www.bremen-history.com/#!bremen-als-gi-paradise/c12wt. Abgerufen am 24.06.2016.

Schwarzwälder, Herbert: Das große Bremen-Lexikon. Bremen 2003.

Schwarzwälder, Herbert: Geschichte der Freien Hansestadt Bremen, Bd. I - IV. Bremen 1995.

Sühnekreuz: Bremen (I). URL: http://www.suehnekreuz.de/bremen/bremen.htm. Abgerufen am 01.07.2016.

Tacke, Wilhelm: Das neue Rathaus in Bremen. Bremen 2013.

Tacke, Wilhelm: Klöster in Bremen. Bremen 2005.

Tallasch, Hans (Hrsg.): Projekt Böttcherstraße. Delmenhorst 2002.

Tietz, Alexander: Stilles Örtchen macht Geschichte. In: Weser-Kurier vom 18.11.2013. URL: http://www.weser-kurier.de/bremen_artikel,-Stilles-Oertchen-macht-Geschichte-_arid,713360.html. Abgerufen am 30.06.2016.

Wasser kennt keine Zonengrenzen. In: Der Spiegel vom 22.03.1947. URL: http://www.spiegel.de/spiegel/print/d-41121469.html. Abgerufen am 28.06.2016.

Wikipedia: Christian Abraham Heineken. URL: https://de.wikipedia.org/wiki/Christian_Abraham_Heineken. Abgerufen am 28.06.2016

Wikipedia: Das Haus Heineken. URL: https://de.wikipedia.org/wiki/Haus_Heineken. Abgerufen am 28.06.2016.

Wikipedia: Franz Ernst Schütte. URL: https://de.wikipedia.org/wiki/Franz_Ernst_Schütte . Abgerufen am 23.06.2016.

Wikipedia: Heinrich Alfes. URL: https://de.wikipedia.org/wiki/Heinrich_Alfes. Abgerufen am 30.06.2016.

Wikipedia: Herbort Duckel. URL: https://de.wikipedia.org/wiki/Herbort_Duckel. Abgerufen am 01.07.2016.

Wikipedia: Hroutland. URL: https://de.wikipedia.org/wiki/Hruotland. Abgerufen am 25.06.2016.

Wikipedia: Johann Vasmer. URL: https://de.wikipedia.org/wiki/Johann_Vasmer. Abgerufen am 01.07.2016.

Wikipedia: Kleiner Roland. URL: https://de.wikipedia.org/wiki/Kleiner_Roland. Abgerufen am 26.06.2016.

Wikipedia: Liebfrauenkirche. URL: https://de.wikipedia.org/wiki/Liebfrauenkirche_(Bremen). Abgerufen am 22.06.2016.

Wikipedia: Paula Modersohn-Becker. URL: https://de.wikipedia.org/wiki/Paula_Modersohn-Becker. Abgerufen am 25.4.2016.

Wikipedia: Räterepublik. URL: https://de.wikipedia.org/wiki/Bremer_Räterepublik. Abgerufen am 28.06.2016.

Wikipedia: Schlacht von Roncesvalles. URL: https://de.wikipedia.org/wiki/Schlacht_von_Roncesvalles. Abgerufen am 25.06.2016.

Wikipedia: St. Ansgarii Bremen. URL: https://de.wikipedia.org/wiki/St._Ansgarii_(Bremen). Abgerufen am 05.07.2016.

Wikipedia: Tabakarbeitergewerkschaft. URL: https://de.wikipedia.org/wiki/Tabakarbeitergewerkschaft. Abgerufen am 26.06.2016.

Wikipedia: Wasserturm (Walle). URL: https://de.wikipedia.org/wiki/Wasserturm_(Walle). Abgerufen am 26.06.2016.

Zeitklicks: Fraternisierungsverbot. URL: http://www.zeitklicks.de/brd/zeitklicks/zeit/politik/nach-dem-krieg/fraternisierungsverbot/. Abgerufen am 24.06.2016.

Bildnachweis

S. 191, Covermotiv Women's History rot: Erich Correns [Public domain], via Wikimedia Commons.

S. 191, Covermotiv Women's History lila: Franz Xaver Winterhalter [Public domain], via Wikimedia Commons.

1	Falscher Name
2	Erdhügel
3	Rune
4	Kneipenspruch
5	Steine im Roland
6	Alter Deich
7	Domkanzel
8	Elefantentür
9	Goldene Scheibe
10	Kaiserkopf
11	Glockengang
12	Weißer Pfeil
13	Schlitze
14	Oktogon
15	Neanderhaus
16	Straßeneck
17	Papstrelief
18	Eichen-Ensemble
19	Theaterfassade
20	Fährweg
21	Brauerspruch
22	Skulptur
23	Till Eulenspiegel
24	Theatergarten
25	Baumwollblüten
26	Reliefs
27	Schweineherde
28	Gürtelschnalle
29	Das Rote Haus
30	Heckenrondell
31	Davidstern
32	Umgestürztes Denkmal
33	Fehlender Ring
34	Köpkenstraße
35	Stele
36	Firmenlogo
37	Steinköpfe
38	Domtür
39	Domshof-Bank
40	Steinkreuz
41	Tierköpfe
42	Taumelnder Mann
43	Chorgestühl
44	Ausgetauschtes Wort
45	Mini-Roland
46	Klinker-Bunker
47	Kirchenfenster
48	Löwenköpfe
49	Goldenes Relief
50	Datumsstein

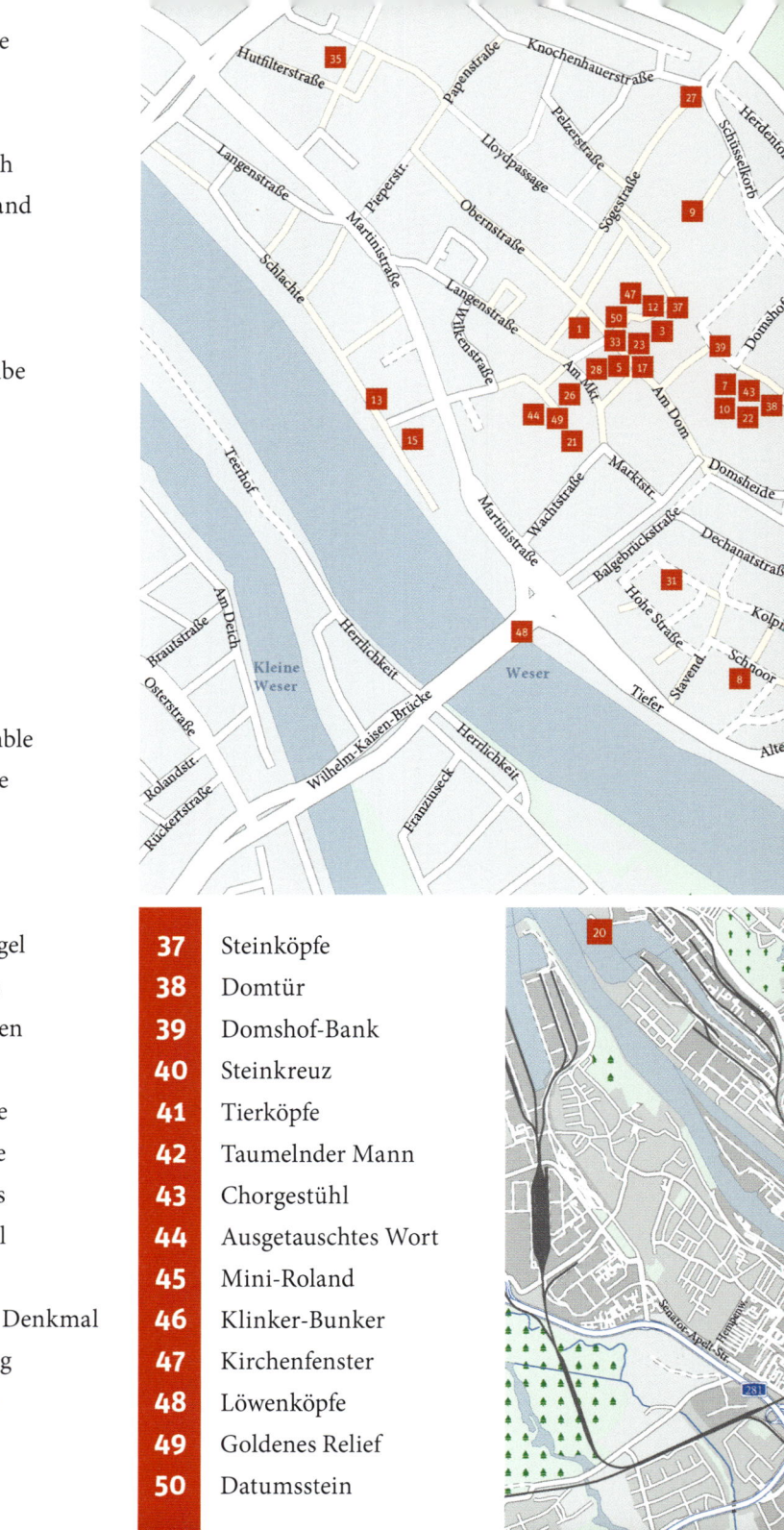

SIE WOLLEN NOCH MEHR ÜBER

Bremen

WISSEN?

....

Hier gibt es sachkundige Informationen:

Bremen kreuz und quer
Christliche Streifzüge zu bekannten und unbekannten Orten in der Innenstadt von Mai – Sep. jeden Samstag (Themen und Uhrzeit auf Nachfrage)
Kapitel 8 - Evangelisches Informationszentrum
Domsheide 8 | 28195 Bremen
Telefon: 0421 / 3378220
E-Mail: kapitel8@kirche-bremen.de
Homepage: www.kapitel8.de
Öffnungszeiten: Mo. - Fr. 11 Uhr - 17 Uhr | Sa. 11 Uhr - 14 Uhr

Bremenlotsen
Begeisternde Stadtführungen durch Bremen: Witz und Wissen, spannende Geschichten und überraschende Ein- und Ausblicke.
Utbremer Ring 176 | 28215 Bremen
Telefon: 0421 / 40899505
E-Mail: info@bremenlotsen.de
Homepage: www.bremenlotsen.de

Digitales Heimatmuseum
Digitales Archiv mit Zeitzeugenberichten in Tönen, Bildern und Texten zum Bremer Alltag im 20. Jahrhundert.
Schleswiger Straße 4 | 28219 Bremen
Telefon: 0421 / 3962101 oder 0421 / 388707478
Homepage: www.digitales-heimatmuseum.de

Marita Filipowsky
Thematische Stadtteilführungen, Sonderführungen auf Anfrage und Spurensuche verloren gegangener Stadtgeschichte!
Berliner Geschichtswerkstatt
Goltzstr. 49 | 10781 Berlin
Telefon: 030 / 2154450
E-Mail: Kiezbegehung12@web.de oder info@berlin-geschichtswerkstatt.de

Dr. Dieter Fricke
Historiker
Telefon: 0421 / 216671
E-Mail: DrDieterFricke@gmail.com
Homepage: http://www.drdieterfricke.de

Cecilie Eckler von Gleich
Kulturhaus Walle Brodelpott e.V.
Ort für Veranstaltungen, Kleinkunst, Werkstatt, Bibliothek, Geschichtskontor mit Archiv, Vorträgen und Führungen zu Stadtentwicklung und Geschichte.
Schleswiger Straße 4 | 28219 Bremen
Tel. 0421 / 3962101 oder 0421 / 388707478
E-Mail: info@kulturhauswalle.de
Homepage: www.kulturhauswalle.de

Frank Hethey
Bremen-History
Regionalhistorisches Online-Magazin mit Zeitreisen für „Zwischendurch": Ein Kollektiv aus Autoren wirft mit ausführlich recherchierten Berichten, Serien und historischen Bildern einen neuen Blick auf Stadtgeschichte.
Rockwinkeler Straße 140 | 28355 Bremen
Telefon: 0421 / 24425742
E-Mail: frank.hethey@bremen-history.com
Homepage: www.bremen-history.com

Ottmar Hinz
Der Cityrundgang „Zwischen Himmel und Erde - Bremens Engel" führt innerhalb von 60 Minuten zu acht Engeldarstellungen an kirchlichen und

weltlichen Bauwerken aus vier Jahrhunderten.
Terminvereinbarung ab 8 Personen über Informationszentrum „Kapitel 8"
Domsheide 8 | 28195 Bremen
Telefon: 0421 / 3378220
E-Mail: kapitel8@kirche-bremen.de
Homepage: www.kapitel8.de
Öffnungszeiten Kapitel 8: Mo. - Fr. 11 Uhr - 17 Uhr, Sa 11 Uhr -14 Uhr

Norma Holthusen
Ahornweg 5 | 28816 Stuhr
Telefon: 04206 / 7549
Homepage: www.brementourist.de

Dr. Guido Klostermann
Führungen und Rundfahrten in Bremen und Norddeutschland, auch auf Englisch und Niederländisch.
Telefon: 0421 / 62658924
E-Mail: info@guidoklostermann.de
Homepage: www.guidoklostermann.de

Karl-Josef Krötz
Bremer Ratskeller
Kompetente Erlebnis-Kellerführungen mit Verkostung durch den Bremer Ratskeller unter dem Rathaus zu weinkulturellen Höhepunkten und dt. Weinschätzen.
Schoppensteel 1 | 28195 Bremen
Telefon: 0421 / 3377871
E-Mail: kellerfuehrung@ratskeller.de
Homepage: www.ratskeller.de

Günter Reichert
Geschichtswerkstatt Gröpelingen e.V. Gemeinnützig anerkannter Verein für Stadtteilgeschichte mit umfangreichem Archiv sowie Vorträgen, Film- und Themenabenden, die i. d. R. jeden zweiten Montag im Monat um 19 Uhr stattfinden.
Liegnitzstraße 61 | 28237 Bremen
Telefon: 0421 / 614815
E-Mail: info@geschichtswerkstatt-groepelingen-bremen.de
Homepage: www.geschichtswerkstatt-groepelingen-bremen.de

StattReisen Bremen e.V.
StattReisen Bremen e.V. bietet Einheimischen und Besuchern verblüffende Einblicke in die Bremer Geschichte, von Bremens Unterwelten über Krimiführungen bis hin zu den Verborgenen Orten der Hansestadt.
Rembertistr. 99 | 28195 Bremen
Telefon: 0421 / 4305656
Homepage: www.stattreisen-bremen.de
Öffnungszeiten: Mo. - Do. 9:30 Uhr - 16:30 Uhr, Fr. 9:30 - 14 Uhr

St. Petri Dom Bremen
Sandstr. 10-12 | 28195 Bremen
Telefon: 0421 / 3650429
E-Mail: kanzlei@stpetridom.de
Homepage: www.stpetridom.de
Öffnungszeiten:
Mo. bis Fr. 10 Uhr - 17* Uhr
Sa. 10 Uhr - 14 Uhr
So. 14 Uhr - 17* Uhr
*In Juni bis September jew. bis 18 Uhr
Weitere Sehenswürdigkeiten:
Dom-Museum (Zugang im Dom)
Raum der Stille (Ostkrypta)
Turm-Besteigung (265 Stufen, nur im Sommerhalbjahr)
Bibelgarten (an der Südseite des Doms)
Bleikeller (Mumifizierte Leichname, nur im Sommerhalbjahr)
Informationen im Dom:
Dombuchhandlung
Ehrenamtlicher Präsenzdienst
Dom-Führungen:
Mittwochs, 15 Uhr
Erster Sonntag im Monat, 15 Uhr
Dom und Museum kombiniert:
Zweiter und letzter Samstag im Monat, 12:30 Uhr

Peter Strotmann
Schwachhausen-Archiv
Ehrenamtlich betreutes Privatarchiv für den Stadtteil mit dem Ziel, alle über Schwachhausen verfügbaren Informationen zusammenzutragen und zu archivieren.
Goebenstraße 11 | 28209 Bremen
Telefon: 0421 / 342120
E-Mail: peter_strotmann@web.de

Kirsten Vogel
Schauspielerin
Individuell gestaltete Führungen und Rahmenprogramme in Bremen, Bremerhaven und Worpswede
Hagensstr. 1 | 28209 Bremen
Telefon: 0421 / 3466218

E-Mail: kirstenvogel@bremen-in-szene.de
Homepage: www.bremen-in-szene.de

Arthur P. Zapf
ART.tours-Bremen
Individuelle Entdeckungsreisen durch Bremen für Bremer und Touristen.
Mehr als 60 unterschiedliche mehrsprachige Stadtführungen zu Fuß sowie Begleitung von Bus- und Fahrradreisen durch die Hansestadt mit ausgebildeten GästeführerInnen.
Meyerstraße 45/47 | 28201 Bremen
Telefon: 0421 / 79011905
Mobil: 0174 / 4547019
E-Mail : info@arttours-bremen.de
Homepage: www.arttours-bremen.de

Publikationen:

Eckler- von Gleich, Cecilie: Walle-Utbremen 1860 – 1960. Bremen 2007.

Fischer, Joachim: So ist meine Stadt – Bommels Bremen-Buch. Bremen 2015.

Fricke, Dieter; Bartetzko, Dieter; Lubricht, Rüdiger: Die weiße Wache. Delmenhorst 1998.

Gramatzki, Rolf: Bremer Kanzeln aus Renaissance und Barock. Bremen 2001.

Geschichtswerkstatt Gröpelingen: Noch mehr Döntjes und Klönschnack. Bremen 2010.

Hethey, Frank: Einst und jetzt. Bremen-Schwachhausen. Berlin 2014.

Hinz, Ottmar: Licht, das singt. Das Bremer Fensterwerk von Alfred Manessier in der Kirche Unser Lieben Frauen. Bremen 2012.

Klingebiel, Harald: Mythos Weser-Stadion – 80 Jahre Fußball, Kultur und Politik. Göttingen 2006.

Scherf, Henning: Mehr Leben – Warum Jung und Alt zusammengehören. Freiburg im Breisgau 2013.

StattReisen Bremen e.V. (Hg.): Bremen: Rundgänge durch die Geschichte. Erfurt 2008.

Tacke, Wilhelm: Das neue Rathaus in Bremen: Wie kommt der Sündenfall über das Portal? Bremen 2013.

Tacke, Wilhelm: Klöster in Bremen. Bremen 2005.

Haftungsausschluss

Trotz intensiven Austauschs mit unseren Gesprächspartnern, gewissenhafter Literaturrecherche und aufmerksamem Korrekturlesen erheben wir weder einen Anspruch auf Vollständigkeit noch auf Fehlerlosigkeit. Wir haben streng darauf geachtet, keine Urheberrechte zu verletzen, unsere Recherchen sind nach bestem Wissen und Gewissen erfolgt. Dennoch übernehmen wir keinerlei Gewähr für die Aktualität, Korrektheit oder Vollständigkeit der bereitgestellten Informationen. Haftungsansprüche gegen uns schließen wir grundsätzlich aus.

NEU IM HANDEL **AB DEZEMBER 2016:**

Women's History
Das Geschichtsmagazin für Frauen

Themen, die Frauen seit Jahrhunderten bewegen
und die Männer seit Jahrhunderten an Frauen faszinieren

IN DER 1. AUSGABE:

- Im Schatten der Kaiserin: Sisis Schwestern
- Jeanne d'Arc – die Lady Gaga ihrer Zeit
- Exklusive Interviews mit spannenden Frauen
- Giftmord und Verrat – historische Verbrecherinnen

JETZT ABONNIEREN UNTER: WWW.WOMENS-HISTORY.DE

DIE
Geheimnisse der Heimat

GIBT ES IN ...

- Aalen
- Bad Cannstatt
- Bamberg
- Bayreuth
- Berlin
- Bodensee (für Kinder)
- Bremen
- Bremerhaven
- Donaueschingen
- Esslingen
- Flensburg
- Friedrichshafen
- Hamburg 1 & 2
- Hannover 1 & 2
- Jena
- Konstanz 1 & 2
- München
- Regensburg
- Schwäbisch Gmünd
- Schwarzwald (für Kinder)
- Stuttgart
- Sylt
- Tübingen
- Überlingen 1 & 2
- Villingen-Schwenningen
- Würzburg

IM BUCHHANDEL ODER UNTER: WWW.BAST-MEDIEN.DE

NEU:
Kalenderblätter

GIBT ES JETZT IN ...

- Konstanz
- München

52 faszinierende Geschichten aus den Kalenderwochen quer durch die Jahrhunderte

WEITERE GEHEIMNISSE UND KALENDERBLÄTTER SIND IN ARBEIT

NEU:
Geheimnisse

GIBT ES AUCH ÜBER ...

- Redewendungen

50 spannende Geschichten zu überregionalen Themen